Erika Kazemi-Veisari

Kinder verstehen lernen

Wie Beobachten zu Achtung führt

Erika Kazemi-Veisari

Kinder verstehen lernen

Wie Beobachten zu Achtung führt

Klett | Kallmeyer

Bibliografische Information Der Deutschen Bibliothek
Die Deutsche Bibliothek verzeichnet diese Publikation in der Deutschen Nationalbibliografie; detaillierte bibliografische Daten sind im Internet über http://dnb.ddb.de abrufbar.

Impressum

Die Reihe TPS profil wird herausgegeben von der Evangelischen Bundesarbeitsgemeinschaft für Sozialpädagogik im Kindesalter e. V. (EBASKA)

Erika Kazemi-Veisari
Kinder verstehen lernen
Wie Beobachten zu Achtung führt
2. Auflage 2007

Erhard Friedrich Verlag GmbH
30926 Seelze

Redaktion: TPS – Theorie und Praxis der Sozialpädagogik
Realisation: Friedrich Medien-Gestaltung
Titelfoto: Doris Leuschner
Druck: BWH GmbH – Medien Kommunikation. Printed in Germany

ISBN 978-3-7800-5721-1

Be(ob)achten

„Ich kenne ein Kind besser, wenn ich über eine Beobachtung nachgedacht habe. Ich sehe Kinder anders."
„Nach jeder Beobachtung bekomme ich eine andere Beziehung zum Kind. Es spürt mein Interesse."
„Beim Beobachten denke ich auch an mich, an meine Kindheit. Das hilft beim Verstehen."
„Durch die Beobachtung erhält das Kind Beachtung. Das verändert bereits. Das Nachdenken über das, was ich gesehen habe, führt zu weiteren Erkenntnissen."
„Wenn ich Kinder beobachte, sehe ich, wie sie sich ausdrücken. Ich staune darüber."
„Beobachten heißt, bewusst mit Kindern in Beziehung zu sein."

(Aus einem Unterrichtsgespräch mit Studierenden in der Erzieherausbildung)

Vorwort

„Kann ich jetzt raus gehen oder beobachtest du mich noch?", fragt ein Kind seine Erzieherin. Diese Frage, die uns überliefert ist, spiegelt ein wenig den pädagogischen Zeitgeist. Im Gefolge der Bildungsdebatte boomen Beobachtungsbögen, und die systematische Erfassung kindlichen Tuns beginnt, in Kindertageseinrichtungen Einzug zu halten.

Bilden heißt doch wohl auch, sich ein Bild zu machen, oder?

Da ist ein Kind, das aufmerksam auf seine Erzieherin achtet. Es nimmt Rücksicht. Vielleicht sitzt sie da und macht Striche, wie oft und mit wem und wie lange das Kind etwas tut. Vielleicht setzt sie einen Haken, schaut nach dem Kind, interpretiert, beurteilt. Vielleicht schreibt sie in großer Eile viele Wörter auf das Blatt, die sich dann irgendwann zu einem Abschlussbericht fügen. Das Kind hat die Idee, dass es im Augenblick nicht so gut sein könnte, draußen zu spielen. Es ist fürsorglich, hält seiner Belagerung stand, verschiebt seinen Wunsch, der Erzieherin zuliebe. Das Kind versteht seine Erzieherin.

Es achtet sie. Und umgekehrt? Die Frage des Kindes lässt innehalten: Was wird das Kind nach dieser Art Beobachtung noch sein? Gehört es sich noch?

Beobachten heißt beachten, darin ist „achten" enthalten. Beobachten in diesem Sinne bedeutet vertraut werden mit etwas, mit jemanden. Vertraut werden setzt Vertrauen voraus. Einem Kind durch Beachtung mehr Gestalt zu geben, heißt es neu sehen zu lernen. Das kann man nicht nebenbei und nicht flüchtig machen. Die Person Kind ist mehr als die Summe seiner einzelnen Tätigkeiten.

Dieses Buch beschäftigt sich mit Achtung. Es ist ein Auf-der-Suche-Buch und nicht eines, das schon zum Schluss gekommen ist. Erika Kazemi-Veisari ist auf der Suche nach der Eigenartigkeit des Kindes. Sie nähert sich ihm respektvoll. Sie hat keine Listen im Gepäck und keine Schubladen im Kopf. Ein Kind zu beobachten ist für die Autorin der Beginn eines Dialogs. „Wer bist du?" wird hier zum „Verstehe ich dich richtig?" und „Wer bist du auch noch?" und „Was kannst du (auch noch) sein?". In dem Prozess der respektvollen Annäherung ist das Kind kein Material und die Kindertagesstätte kein Labor. Das Ergebnis einer besonderen Beachtung ist nicht das „gläserne Kind", sondern die Erkenntnis seiner Unverfügbarkeit. Kindern respektvoll in ihrem Tun zu folgen, verändert vor allem diejenigen, die folgen. Beobachten, um Kindern ihr Geheimnis zu entreißen, entzieht ihnen Schutz, liefert sie der Bewertung aus. Deshalb verzichtet die Autorin in diesem Buch konsequent auf vorgefertigtes Beobachtungsmaterial.

Das Buch setzt auf die einfühlende, suchende und nachdenkende Erzieherin. Auf die Pädagogin, die sich ihrer Subjektivität stellt und (Vor-)Urteile fürchtet. Erika Kazeimi-Veisari's Zugangsweise orientiert sich nicht an vermeintlichen Defiziten kindlichen Verhaltens, die beschrieben und festgestellt werden sollen. Ihr Blick auf das Kind macht aus der regelmäßigen Beobachtung einen dialogischen Prozess. Das Kind bleibt Subjekt. Beobachtung rechtfertigt sich hier aus dem Bemühen, das Kind besser zu verstehen und seine Stärken entdecken zu können. Die Autorin bezieht Kinder ein, beteiligt sie, statt über sie zu verfügen.

Deshalb ist das Buch kein Methodenbuch. Es geht weit darüber hinaus. Es öffnet den Blick für die Kinder, aber auch für uns selbst und die Haltung, mit der wir ihnen begegnen. „Wir sehen die Dinge nicht so, wie sie sind, sondern wie wir sind", schreibt die Autorin.

Wie sind wir? Und wie sehen wir? Wenn wir Kindern begegnen, ist es gut, mehr darüber zu wissen.

Inge Pape
TPS-Redaktion

Teil I: Verstehen durch Beobachtungen

Teil II: Durchführung von Beobachtungen

Teil III: Dokumentation von Beobachtungen

Teil I: Verstehen durch Beobachtungen

1. Wie entwickelt sich Verstehen?

Beispiel 1: Das Ei

Er beschäftigte sich mit einem Ei. In den Pausen sprach er über die Art, in der er seine Läden in Zukunft führen wollte. Er sagte eine Menge weiser Dinge, aber Polly sah hauptsächlich zu, wie er das Ei behandelte. Sie hatte viel zu lernen und das meiste von dem, was sie in Zukunft als Geschäftsfrau konnte – und sie konnte etwas – lernte sie in diesen paar Minuten, wo sie zusah, wie ihr Mann das Ei aß. Er sprach von den kleinen Geschäften, den Läden der City, und auch das Ei war klein in seinen dicken Händen. Aber wie zart faßten sie es an! Es war wachsweich gekocht, vier Minuten und eine halbe. Kürzer gekocht wäre es zu schwabbelig geworden, länger gekocht zu hart. Was die kleinen Läden betraf, mußte man ebenfalls abwarten können, durfte allerdings auch nicht den Zeitpunkt verpassen. Das Kochen selber war eine Art Nichtstun, das Selbstbeherrschung verlangte. Aber es war auch eine Tätigkeit. Ein geschickter Koch konnte während der viereinhalb Minuten noch nebenbei etwas anderes in Angriff nehmen: schließlich ist ein Ei keine Mahlzeit! Macheath erwähnte das Ei mit keiner Silbe, er aß es nur. Aus der Art, wie er mit dem Löffel an die Schale klopfte, bevor er zum Köpfen schritt, und wie er dann in dem Eiweiß herumsuchte, ging alles hervor. Dann kam der erste prüfende und doch energische Einstich, der zugleich den Löffel füllte: jetzt lag die Beschaffenheit des Eis klar vor Augen, man hatte darauf zu achten, daß das, was vom Dotter beim Einholen des Löffels nicht auf dem Löffel bleiben wollte, wenigstens wieder in das geöffnete Ei zurückkippte. Den Löffel flink umgedreht und mit dem Griffende des Löffels Salz aus dem Fäßchen geholt und sorgfältig eingestreut! So wird im Innern des Eis der Inhalt schmackhaft gemacht. Mit Dotter wird gleichzeitig immer eine Portion des Weißen mit kühn abschneidendem Löffel von der Schale gelöst. Die linke Hand hilft nach: sie dreht das Ei dem Löffel entgegen! So muß es glücken, so bleibt nichts zurück! Ist das Ei ausgenommen, wird es hochgehoben, etwas waagerecht, und hineingeschaut. Dann bleibt noch das Köpfchen: es ist zu Beginn des Unternehmens sorgfältig neben das Ei auf den Teller gelegt worden: es ergibt, auf einmal geleert, einen vollen Löffel.

Polly sah fasziniert zu; so etwas konnte man nicht überall sehen. Von Anfang an war der Ausdruck auf Macs Gesicht tief verloren, beinahe verkümmert. Es schien, als ob er sich ausschließlich von diesem Ei ernähren müßte, als sollte er aus diesem einen Ei seine ganzen Körperkräfte aufbauen, wahrhaftig keine kleine Aufgabe! Als schaute er immer noch außer auf das Ei an seinen ungeschlachten Gliedern hinab und dann wieder auf das kleine Ei. Daher wohl auch der nachdenkliche Blick auf die geleerte Schale, als alles vorbei war! Er haderte nicht; kein Seufzer entrang sich ihm, aber es war doch eben alles vorbei jetzt, und es blieben nur die Sorgen, ob es auch anschlagen würde ... Und zwei Sekunden später warf er die Schalen ohne jede Sorgfalt auf den Teller (den Löffel allerdings legte er als das immer wieder nötige Handwerkzeug langsam und ordentlich zurück!) und wandte sich ohne sichtbares Bedauern, ja gänzlich gleichgültig vom Tisch ab. (Brecht 1973, S. 333, 334)

Hier wird eine alltägliche Situation beschrieben; aber die Handlung wirkt trotz ihrer Vertrautheit wie ein herausragendes Ereignis. Was macht das Besondere der Beschreibung aus? Nach meinem Verstehen ist es erstens die konzentrierte und respektvolle Haltung, mit der Polly ihrem Mann zuschaut und beim Erzählen zuhört. Sie tut das mit dem Wunsch zu lernen und entdeckt, dass sie genau in dieser gewöhnlichen Eibehandlung viel über das Führen von Geschäften erfahren kann. Darin wird zweitens ihre Beziehung zu dem Mann deutlich, denn sie sieht nicht nur seine Bewegungen, sondern empfindet diese als zart, kühn, sorgfältig, prüfend, energisch, nachdenklich. Sie registriert nicht, sondern wendet sich staunend zu, sie „geht mit" mit dem, was ihre Augen sehen. Mit dieser inneren Beteiligung erhebt sie jede Geste zu einer bemerkenswerten Einzelheit im Gesamten. Drittens schildert die Beschreibung nicht nur einen Handlungsverlauf, sondern gestaltet Eindrücke, zieht den Leser in das Geschehen hinein, schafft eine einmalige Situation: So was konnte man nicht überall sehen. Viertens wird Wissen vermittelt: über die Beschaffenheit weich gekochter Eier, im Besonderen dann, wenn sie gelöffelt werden, über die Abfolgen und Techniken des Eiköpfens, Aushöhlens, Salzens. Man erfährt, dass es Können und Selbstbeherrschung verlangt, ein Ei richtig zu kochen. Dieses Wissen wird an mehreren Stellen des Textes als Erfahrung verallgemeinert: „man hatte darauf zu achten ..." Fünftens enthält die Beschreibung sehr vorsichtige Mutmaßungen über die Befindlichkeit von Macheath, wenn zum Beispiel formuliert wird: „es schien, als ob ...", „daher wohl auch der nachdenkliche Blick ...". Polly bemüht sich um ein Verstehen dessen, was in dem Manne wohl vorgehen mag, dessen Handlungen so sorgfältig gesehen und beschrieben werden. Dennoch bleibt offen, wie er sich tatsächlich fühlt. Und schließlich entwickelt die Beschreibung Vergleiche, bietet Parallelen an zwischen der Art und Weise, wie hier einerseits mit einem Ei und andererseits mit Geschäften umgegangen wird, legt nahe, dass man aus dem einen für das andere Schlussfolgerungen ziehen kann.

Verstehen ist Übersetzung und Gestaltung

Insgesamt entwickelt diese Beschreibung ein facettenreiches Bild, das wegen seiner Komplexität, Anschaulichkeit, aber auch mit seiner Symbolik und Intensität, verschiedenste Bilder im Leser hervorruft, verknüpft mit Erinnerungen und eigenen Erfahrungen, aber auch neu schafft. Obgleich das Bild so scheint, als liefere es alle für eine solche Situation notwendigen Einzelheiten, um nachvollziehen zu können, was geschieht, ist es doch zugleich eine Geschichte, die von den Lesern unterschiedlich verstanden werden wird. Sie bleibt trotz aller Genauigkeit offen, legt keine für alle gemeinsame Basis des Verstehens fest.

Was aber heißt „Verstehen"? Was befähigt dazu, dieses Beispiel zu verstehen, was geschieht dabei?

Man muss die verwendeten Wörter dieser Beschreibung nicht nur (wieder-)erkennen, sondern ihnen eine Bedeutung zuschreiben, damit aus ihnen „sprechende Buchstaben" werden können. Die Wörter sind außerdem nicht nur einzeln vorhanden, sondern ganz unterschiedlich zu Satzgebilden gruppiert und kombiniert. Diese Konstruktion von Wörtern zu einem bestimmten und neuen Gefüge schafft erst einen Inhalt, einen Sinn, einen Eindruck. Aber wie kann das sein? Wie kann es sein, dass Wörter Dinge bedeuten? Wie kann es ein, dass alle Leser bei den zwei Buchstaben E und i in der richtigen Kombination E-i an die gleiche Sache denken, ja, diese sogar auf der Zunge schmecken, mit der Nase riechen, mit den Händen fühlen können, ohne dieses Ei tatsächlich im Mund, vor der Nase, in der Hand zu halten? Und wie kommt es, dass trotzdem jeder seine eigene Geschichte von diesem beschriebenen Ei „erarbeitet", wenn er die Beschreibung liest? Wie kann uns Brecht überhaupt in ein Ereignis hineinziehen, wenn es doch eigentlich seine Geschichte ist, die er ja nicht persönlich anwesend vorträgt, sondern nur über Papier vermittelt? Und noch erstaunlicher: Niemand ist Polly und Macheath, den Hauptpersonen dieser Geschichte, je begegnet. Es ist sogar zu vermuten, dass es sie nie gegeben hat, dass sie nur der Fantasie von Bertolt Brecht entsprungen sind. Und doch stehen sie vor uns als Menschen mit Charakteren; wir finden sie sympathisch oder unsympathisch, vertraut oder fremd, allein dadurch, dass jemand über sie schreibt und wir das lesen.

Diese Fragen berühren die Grundprobleme um das Geschehen zwischen der Außenwelt und dem Ich, zwischen Wahrnehmung und Verarbeitung, zwischen Information und Bewertung. „Wir nehmen Lautfolgen auf und übersetzen sie in Repräsentationen von Bedeutungen, genau wie wir auch sensorische Informationen aufnehmen und sie in Repräsentationen von Objekten übersetzen oder wie wir Gesichtsausdrücke aufnehmen und sie in Repräsentationen von Gefühlen übersetzen." (Gopnik 2000, S.125) Das bedeutet, dass das menschliche Gehirn nicht nur etwas registriert, sondern mehr tut. Es übersetzt. Übersetzen kann man aber nur, wenn man über die Codes verfügt, also das Gesagte und Gemeinte in eine eigene Sprache übertragen kann. Übersetzen ist gleichzeitig Konstruktionsarbeit: Würden wir die gelesene Geschichte weitererzählen, so würde deutlich, dass wir daraus inzwischen eine eigene Geschichte, eine individuelle Interpretation gemacht haben: wir leisten bereits beim Verstehen Bedeutungsarbeit, Sinnarbeit, kombinieren beim Verstehen und Nacherzählen Sätze und Abschnitte der Geschichte neu, finden für verschiedene Beschreibungen unsere Worte und nicht die von Brecht, gestalten und schaffen Sinn, so wie wir es verstehen, wie es zu uns passt. Stichwörter und Gesamtidee der Geschichte gehören dann immer noch Brecht, aber Teile der Geschichte gehören inzwischen uns. Vielleicht köpfen wir das Ei in unserer Erzählung sogar ein ganz klein wenig anders, mit den Unterschieden, wie sie uns unsere Erfahrung aufdrängt, lassen das Ei nicht vier und eine halbe Minute kochen, sondern mehr oder weniger.

Wir tun das deswegen, weil wir das, was wir kennen (ein Ei kochen und essen), auch auf der Folie unserer persönlichen Erfahrung und Erkenntnisse verstehen wollen. Unsere Assoziationen verändern: Ja, wir kennen uns aus mit dem Frühstücksei – ohne sofort zu bemerken, dass Brecht in dem hier präsentierten Textausschnitt überhaupt kein Frühstück erwähnt. Wir sehen diese Geschichte auch in bestimmten Räumen spielen; die hier vorgestellte Textpassage von Brecht lässt aber offen, wo sich alles zuträgt. Wir geben Polly und ihrem Ehemann Gesichter, ein Alter, wir bekleiden sie, entwickeln Bilder von ihnen; mit einem Wort: um die Beschreibung zu verstehen, machen wir sie uns vertraut, versuchen, uns zurechtzufinden, indem wir Stichworte mit Leben füllen, mit unserem Leben. Trotzdem folgen wir in unseren „Erfindungen" Brechts Vorgaben, erkennen seine Festlegungen der Situationen, der Personen, denn er beschreibt ja nicht nur, sondern er schafft eine Geschichte, kreiert Personen und Beziehungen in einer von ihm bestimmten Situation, er strukturiert zeitliche Abfolgen und konstruiert mit all dem Sinn. Wir als Leser versuchen, gleichzeitig in seinen Schuhen zu gehen und in unseren eigenen, so wie es ein indianisches Sprichwort ins Bild fasst: „Ich kann dich dann verstehen, wenn ich einen Tag lang deine Mokassins getragen habe." Auch wir konstruieren Sinn, indem wir die Beschreibung zu verstehen versuchen.

Beispiel 2: Mila

Eine ganz andere Situationsbeschreibung: Mila in der Kindergartengruppe.
Mila ist ein russisches Mädchen und drei Jahre alt; sie spricht noch kein Deutsch. Mila ist allein im Spielhäuschen. Sie greift sich die Pfanne, stellt sie auf den „Herd", dreht sich um, nimmt einen Topf und stellt ihn auf den Tisch. Auf dem Tisch befindet sich ein Spieltelefon. Mila nimmt den Hörer hoch und spricht russisch hinein. Sie legt den Hörer auf, schaut aus der Spielhaustür zu mir und lächelt. Sie entdeckt eine Puppe, greift nach ihr, legt sie aber wieder hin, als drei andere Kinder in das Spielhaus kommen. Eines der Kinder schaut sich um, dann gehen zwei von ihnen wieder. Mila beobachtet sie die ganze Zeit lächelnd. Anton fragt Mila etwas auf Russisch, sie antwortet in ihrer Muttersprache; die beiden Kinder unterhalten sich einen Augenblick, dann geht Anton wieder. Mila sieht mich an, lächelt, sieht im Häuschen umher. Sie entdeckt noch eine Puppe und setzt sie an den Tisch. Ein Kind beobachtet sie von außen durch das Fenster. Mila setzt jetzt alle Puppen an den Tisch und „schenkt ihnen Tee ein". Das Kind vor dem Fenster geht weg, ein anderes Kind geht in das Häuschen, kommt wieder heraus und fragt mich, warum „das Mädchen" nicht spricht. Ich gebe eine kurze Antwort, das Kind geht. Mila setzt sich jetzt auch an den Tisch, steht nach einem kurzen Moment wieder auf, holt eine kleine Puppe aus einem Korb und kommt zu mir. Sie zeigt mir die Puppe, geht wieder ins Häuschen und legt die Puppe zurück in den Korb. Sie geht in die „Küche" und murmelt dabei die ganze Zeit auf Russisch vor sich hin. Sie geht an den Schrank, holt einige Dosen heraus und stellt sie auf den Tisch, schaut auf und lächelt mich an. Nun geht sie zur Wand, hebt den Kleiderständer auf und stellt ihn hin; danach hängt sie eine Schürze am Ständer auf. Sie sieht mich an, hebt eine Puppe auf, will sie anziehen, hat aber Schwierigkeiten mit dem Anzug, der für die Puppe zu klein ist. Sie flüstert auf Russisch vor sich hin, kniet sich vor die Wäschekiste und entdeckt dort eine identische Puppe, die schon angezogen ist. Sie nimmt diese Puppe und lässt die nackte fallen. Sie verlässt das Häuschen und schaut von außen durch das Fenster hinein. Dann wirft sie die Puppe ins Haus, geht selbst auch hinein und beginnt, die Wäsche aufzuhängen. Danach geht sie zum „Telefon", hebt den Hörer ab, legt ihn wieder auf und kommt zu mir. Sie sagt etwas auf Russisch zu mir und geht wieder ins Häuschen.
Da ich meine Beobachtung beende, gehe ich leise aus dem Raum, aber Mila folgt mir. Dann geht sie wieder in das Häuschen. (Rutzen 1997)

Was heißt für dieses Beispiel Verstehen?

Verstehen sucht nach Wiedererkennen

Zunächst einmal fällt es schwer, sich in diese Situation einzufühlen, Verbindungen zu eigenen Alltagserfahrungen herzustellen, aus denen heraus man sagen könnte: Ich kenne so etwas aus eigener Anschauung. Denn Erwachsene befinden sich nicht mehr in solchen spielerischen Als-Ob-Situationen, in denen sie so tun, als würden sie eine Mahlzeit kochen, um sie dann einer Schar Puppen zu servieren. Wenn ihnen außerdem die Erfahrung fehlt, in ihrer Muttersprache nicht verstanden zu werden, die neue Sprache noch nicht zu beherrschen, zudem auch Russland nicht wirklich vertraut ist, dann sind große Teile dieser Beobachtungssituation schwer zugänglich.

Wie also kann Verstehen in diesem Beispiel konstruiert werden, sich also ein Sinn aufschließen lassen? Zweifellos sind ErzieherInnen es gewohnt, ähnliche Spielsituationen zu sehen. Es gehört zu ihrer Profession, zu wissen, dass Kinder solche Szenen schaffen und in ihnen etwas ausdrücken und gestalten, was ihnen wichtig ist. Aus dieser Sicht also ist die Beobachtung weder fremd noch einmalig, d. h. auch wenn wir weder das Kind noch den konkreten Ort kennen, die in dieser Beobachtung eine Rolle spielen, entwickeln wir bei den Stichworten „Spielhaus“ und „Puppen“, verbunden mit „Pfanne“, „Dose“, „Tisch“, „Telefon“, „Schrank“ und „Korb“ schnell ein Gesamtbild, assoziieren es mit ähnlichen Situationen. Wir beziehen dieses Bild allerdings nicht auf private Situationen von uns, sondern auf Situationen, in denen andere Kinder, andere Räume vorkommen, die sich denen in der Beobachtung aber irgendwie gleichen, also wiedererkennbar sind.

Unser Verstehen entwickeln wir in der Distanz als Erwachsene, ein Betroffensein stellt sich allenfalls in unserer Rolle als PädagogInnen her, die auch mit „solchen Kindern“ zu tun haben. Das war bei der Beschreibung mit dem Ei ganz anders, hier gab es ein Wiedererkennen und Verstehen aus unserem eigenen Alltag heraus, mit uns als Person, die sich so oder so bei der Eibehandlung wiederentdecken konnte. Mein Gehirn kann im Beispiel von Mila nur schwer darauf zurückgreifen, dass ich etwas in meinem Leben wiedererkenne, was mit der Situation Milas vergleichbar wäre, sondern es muss den Umweg gehen über die gesammelten Beobachtungen von ähnlichen Situationen bei anderen Kindern, und über das Wissen, das ich daraus gezogen habe. Es muss also auf ein anderes Bezugssystem zurückgreifen als im ersten Beispiel. Es wird aus all den Gründen schwer sein, einen Sinn zu verstehen, noch schwerer, einen solchen, wie er Mila wichtig ist. Weil wir diesen Sinn nicht unmittelbar nachfühlen können, müssen wir ihn uns erarbeiten. Es ist also leichter, „in den Schuhen anderer Erwachsener zu gehen“, als in denen von Kindern. Und es ist auch leichter, in den Schuhen von Menschen zu gehen, deren Lebensweise,

Gewohnheiten, Sprache und Kultur uns vertraut ist, als in jenen von Menschen, die anders als wir leben, sprechen und für sich Bedeutungen schaffen.

Verstehen hat demnach etwas mit dem Grad zu tun, in dem derjenige, der verstehen will, Verwandtschaften feststellt zwischen dem, was er sieht, hört, fühlt, also mit den Sinnen aufnimmt, und dem, was in seinem eigenen „Sinnenbewusstsein" (Rudolf von der Lippe) bereits vorhanden ist.

Das menschliche Gehirn leistet hierbei eine komplizierte Vernetzungsarbeit. Seine neuronalen Netze bilden die Grundlage für unsere kognitiven Leistungen und für unsere Verhaltenssteuerung. Die hohe Leistungsfähigkeit des menschlichen Gehirns besteht in seinen vielfältigen Kopplungsmöglichkeiten. Die verschiedenen Netze, die im Gehirn geordnet werden, sind aber „lernfähig", das heißt, Netze verändern sich, wenn sich die Kopplungskoeffizienten, aus denen die Netze „gemacht" werden, verändern. Jede Wahrnehmung, jede Aktivität, kann zu einer solchen Veränderung und Erweiterung führen. Das Gehirn speichert dann nicht nur einzelne Bausteine eines Ereignisses, sondern ebenso den Zusammenhang des Wo, Wann und Wie dieses Ereignisses, außerdem immer emotionale Begleiterscheinungen. Die Sinnesrezeptoren müssen dabei die mehr oder weniger spezifischen Einwirkungen erst in Ereignisse umwandeln, also aus dem, was geschehen ist, eine Übersetzung in die Sprache des Gehirns leisten. Bei dieser Übersetzung interpretiert das Gehirn, d.h. die Signale werden mit Bedeutungen versehen. Das Gehirn muss die Kriterien für diese Bedeutungsarbeit selbst entwickeln; es tut das im Rückgriff auf frühere Bewertungen des Handelns und auf die Erfahrungen damit. Das geht so schnell, dass bereits unser Sehen und Hören Träger dieser Bedeutungsarbeit wird.

Wahrnehmungen sind deshalb nicht einfach Abbilder eines Außen im Inneren unseres Gehirns. Die Eindrücke und Repräsentationen oder Bilder, die wir uns machen, wenn wir sehen und hören und irgendwie oder auch genau verstehen, sind individuell. Sie verdichten sich im Laufe unserer persönlichen Lebensgeschichte zu den Bildern von uns und von der Welt, verbunden mit Gefühlen und Gedanken, die uns einmalig machen, aber das Gesehene und Gehörte auch. Wir schauen auf das Ereignis durch unsere Brille; unsere Bilder sind zugleich Sinnbilder unserer Erfahrungen, Wünsche, Hoffnungen und Ängste. Sie sind immer persönlich gedeutet und geben deshalb vor allem Auskunft über unsere Beziehungen zur Welt. Oft wird uns diese sehr komplizierte Vernetzungs- und Deutungsarbeit gar nicht als Tätigkeit bewusst. Vielmehr haben wir das Gefühl, uns sei eine Wahrnehmung geschehen, uns „dämmert etwas", wir haben plötzlich eine Idee, und wundern uns, dass andere Menschen das nicht genauso nachvollziehen können, dass sie ein und dasselbe Ereignis ganz anders sehen, bewerten, ja, es sogar übersehen können und nicht wahrhaben wollen, was uns so klar und unumstößlich scheint. Ausführungen zum Gehirn vgl. Gudjons 1997, S. 113–116.

Aus Teilen Zusammenhänge verstehen

Informationen, die wir aus der Beobachtung mit Mila gewinnen können, sind also auf jeden Fall vielfältig, mehrdeutig und entsprechend unserer eigenen Selektion auch unterschiedlich gewichtet. Es mag jemandem besonders der Ablauf des Spiels „ins Auge stechen", jemand anderes sieht vor allem ihr Bemühen, sich sprachlich auszudrücken. Ein weiterer Aspekt wäre ihr Kontakt zur Beobachterin, den sie mehrmals aufnimmt, ein noch ganz anderer wiederum könnte die Frage sein, welche Auskunft die Beobachtung über ihre Beziehungen zu anderen Kindern gibt oder über die anderer Kinder der Gruppe zu ihr. Man könnte sich auch besonders aufmerksam den Inhalten ihres Spiels zuwenden und nach deren Bedeutung fragen. Es ist dabei sehr entscheidend, wie man dieses Kind vorher schon kennen gelernt hat, welches Bild über Mila bereits konstruiert worden ist.

Mit den eben kurz beschriebenen unterschiedlichen Zugängen zum Kind ist es wie mit den blinden Mäusen in dem Bilderbuch von Ed Young (Young 1996), in dem es darum geht, dass sieben Mäuse etwas Unbekanntes, nämlich einen Elefanten, erkunden. Indem sie nacheinander einen jeweils unterschiedlichen Teil dieses Unbekannten erklettern, berühren und fühlen, versuchen sie, das Entdeckte aus ihren Berührungserfahrungen heraus zu verstehen. Jede Maus begreift dabei den von ihr erkundeten Teil als isolierten Gegenstand und schließt aus ihm auf das Gesamte. So denkt eine Maus, es handele sich um eine Säule (sie erlebte den Fuß), eine andere, es sei eine Schlange (sie erkletterte den Rüssel), eine dritte glaubt an den Speer, weil sie auf dem Stoßzahn entlanggegangen war. Der Kopf wird als Felsen, die Ohren als Fächer und der Schwanz als Tau gedeutet. Nachdem sich alle Mäuse ihre Beobachtungen erzählt und erstaunt die unterschiedlichen Berichte und Interpretationen gehört haben, wandert die siebte blinde Maus – mit all diesen Informationen vorbereitet – schließlich den ganzen Elefanten von Kopf bis Fuß ab und kommt dem Geheimnis auf die Spur: Das Ganze ist ein Elefant. Im Lichte dieser Gesamtheit werden nun auch die Einzelerfahrungen umgedeutet, von dem, was sie zu sein schienen zu dem, was sie sind: Es waren die Beine des Elefanten, die sich anfühlten wie eine Säule und seine Ohren, die den Eindruck eines Fächers vermittelten. Aber es war kein Fächer und auch keine Säule. Und doch konnten die Mäuse zu dieser Erkenntnis erst kommen, als alle einzelnen Sichtweisen zusammenkamen und so die Idee und das Bild von einem Zusammenhängenden nahe legten. Erst dann war auch das Erkennen des Ganzen – scheinbar – möglich.

Warum scheinbar? Die lebendige Wirklichkeit eines oder gar dieses besonderen Elefanten ist damit auch noch nicht erkannt, sondern nur seine Erscheinung anhand verschiedener Merkmale erfasst und – nach dem Wiedererkennen – als Elefant benannt.

2. Die Würde des Kindes beim Beobachten

Beobachtungen sind subjektiv

Ähnlich ist es mit Beobachtungen von Kindern: Man erfährt beim Hinsehen und Hinhören Ausdrucksformen von Kindern (wie handelt es, was tut es, wann tut es was mit wem und wo), kann Informationen zusammentragen über alles, was sichtbar und hörbar ist – mehr nicht. Die Persönlichkeit des Kindes, die sich dahinter bzw. mittendrin verbirgt, ist immer mehr als die Summe all dieser Informationen. Wir müssen sogar damit rechnen, dass das, worauf wir achten, nicht nur das Kind ist, sondern dass wir vor allem uns als beobachtende Person dabei sehr wesentlich mit ins Spiel bringen.

Im Wort Beobachtung stecken die Wörter achten, beachten und ob. Nimmt man sie ernst, so sind darin Zuwendung (achten), Konzentration (beachten) und Fragen (ob?) enthalten, weswegen ich gern die Schreibweise „Be(ob)achtung" wähle, um diese elementaren Bestandteile hervorzuheben. Auch im Begriff Wahrnehmen ist eine mehrfache Bedeutung versteckt, denn sprachgeschichtlich steht der Begriff „wahrnehmen" im Bedeutungszusammenhang mit wahren, behüten, beachten, sich kümmern. Demnach verweist das Wort sowohl auf aktive Sinneshandlungen als auch auf die Verantwortung demjenigen gegenüber, der wahrgenommen wird.

Wenn also festgestellt werden konnte, dass Beobachtungen nicht nur aus Hinsehen und Hinhören bestehen, sondern dass bereits diese Sinnestätigkeiten die Handschrift des Beobachtenden beinhalten, durch seine Brille erfolgen, aus seinen Erfahrungen und Gefühlen geformt werden, so ist klar, dass es nur subjektive Beobachtungen gibt. Das kann positiv, aber auch negativ gewertet werden. Positiv ist zweifellos, dass der Beobachtende innerlich beteiligt ist, sich mit seiner Person einlässt auf etwas, interessiert ist, etwas zu erfahren, für das er sich Mühe macht. Negativ ist es, wenn der Beobachtende nicht um seine Subjektivität weiß oder sie verleugnet, wenn er sich und anderen vormacht, „die Wahrheit" gefunden zu haben. Aber: Es gibt nicht „die Wahrheit", sondern unterschiedliche Wahrheiten, die aus Wahrnehmungen geformt werden und deshalb im Auge des Betrachters selbst entstehen.

Beobachtungen konstruieren Bilder

Diese Wahrnehmungen werden verknüpft zu Bildern über jene Menschen, die wahrgenommen und beobachtet wurden. Das ist nicht unproblematisch:

„Wir neigen dazu, uns ein Bildnis vom anderen zu machen. Wenn wir es tun, ist es ein Zeichen von Schwäche, ja, des Verrats. Wir halten nicht aus, dass der andere unbestimmbar, ein Rätsel ist. (...) Mit dem Bildnis legen wir den anderen nicht nur für uns fest, sondern auch für sich. Er wird zu dem, was das Bildnis vorschreibt. Das Bildnis trägt die Züge unserer Angst und unserer Wünsche. Ein Zwilling des zu befolgenden Menschenbildes ist das zu bekämpfende Feindbild." (v. Hentig 1996, S. 25, 26)

Diese Kritik des Bildermachens von Menschen über Menschen wird aus folgendem Bericht gut nachvollziehbar: „Kevin ist ein Junge, der nicht sagt, was Sache ist. Wenn er einem gegenüber sitzt, schaut er starr an einem vorbei, er schaut seine Gesprächspartner nicht direkt an. In seinen Erzählungen macht er sprachlich sehr große Umwege, die die Grenzen zwischen realem Leben und phantasierten Geschichten verwischen. Die Betreuer stehen vor dem ständigen Problem, zwischen aufrichtigen und erfundenen Geschichten zu unterscheiden ..." (Alert 1993, S. 393)

Das Beispiel vermittelt ein sehr bestimmtes Bild über ein Kind. Dieses Kind „ist falsch", bereitet den Betreuern (absichtlich?) Probleme; man kann ihm seine Geschichten nicht glauben, weil sie zwischen „realem Leben" und „Phantasie" verschwimmen. Das Bild setzt zugleich Maßstäbe, über die nachzudenken wäre: Was ist „Sache" bei einem Gespräch? Wer bestimmt darüber? Warum wird hervorgehoben, dass Kevin seine Gesprächspartner nicht direkt ansieht? Warum werden ihm die „sprachlichen Umwege" vorgeworfen? Was sagt diese Behauptung über das Kind aus? Dieses Bild vermittelt viel über die Erwachsenen, über ihre Nöte, aber vor allem über ihre Maßstäbe, die sie an das Kind anlegen. Dem Kind scheinen sie vor allem vorzuwerfen, dass es diesen Maßstäben nicht entspricht. Über das Kind selbst erfahren wir nichts. Die Mitteilungen über das Kind sind Urteile, zusammengefasst zu einem Bild, das nur einzelne, negative Aspekte enthält, „Auffälligkeiten" aus Sicht des Erwachsenen.

Bilder werden gemacht, sie sind nicht logisch-sachliche Abbilder von Tatsachen, sondern Konstruktionen: *„Der Mensch macht sich von den Dingen, mit denen er in Berührung kommt und auskommen muss, Bilder, kleine Modelle, die ihm verraten, wie sie funktionieren. Solche Bildnisse macht er sich auch von Menschen: Aus ihrem Verhalten in gewissen Situationen, das er beobachtet hat, schließt er auf bestimmtes Verhalten in anderen, zukünftigen Situationen. Der Wunsch, dieses Verhalten vorausbestimmen zu können, bestimmt ihn gerade zum Entwerfen solcher Bildnisse. Den fertigen Bildnissen gehören also auch solche Verhaltensarten des Mitmenschen an, die nur vorgestellte, erschlossene (nicht beobachtete), vermutliche Verhaltensarten sind. Dies führt oft zu falschen Bildern und auf Grund dieser falschen Bilder zu falschem eigenen Verhalten, umso mehr, als sich alles nicht ganz bewusst abspielt. Es entstehen Illusionen, die Mitmenschen enttäuschen, ihre Bildnisse* *werden undeutlich; zusammen mit den nur vorgestellten Verhaltensarten werden auch die wirklich wahrgenommenen undeutlich und unglaubhaft; ihre Behandlung wird unverhältnismäßig schwierig."* (Brecht 1974, S. 168, 169)

Was ist daraus zu schlussfolgern? Bilder entstehen. Sie sind nützlich, weil sie uns zeigen, wie wir sehen, was wir sehen; weil sie uns zu unseren Wünschen und Enttäuschungen führen. Wir suchen nach Bildern, um Eindrücke und Beobachtungen in unsere Erfahrungen und Ideen passend zu integrieren; wir wollen verstehen, erklären, schlussfolgern und handeln können, wir tun uns besonders als pädagogische Fachleute schwer damit, etwas nicht einordnen und benennen zu können: *„Warum nur, warum bildet sie sich das ein und das und das und das – Aufzählungen der Einbildungen und Erfindungen ohne Ende, warum nur, warum ist Paula so wie sie ist, warum ist Paula so, wie sie zu sein vorgibt und demnach sein möchte, warum nur, warum. Hinter einem Kind wie diesem bleibt Tag für Tag, Gedanke für Gedanke, Beobachtung auf Beobachtung ein Warum. Selbstverständlich, das ist nicht ohne Spannung für uns, klar. Aber gelegentlich kommt man doch einfach nicht recht weiter."* (Wohmann 1989, S. 130)

Bilder wirken auf das Kind zurück

Bilder sind allerdings nicht harmlos, denn sie wirken auf Kinder zurück. Diese spüren, was wir über sie denken, was wir (eigentlich) von ihnen wollen. Bilder bleiben nicht in unserem Kopf, sondern drücken sich aus, über Mimik, Zuwendung, Bewegung, Sprache. Wir sind verantwortlich für unsere Bilder, nicht das Kind!

Wahrnehmungen zwischen Menschen, vor allem die mit professioneller Absicht durchgeführten Beobachtungen von Kindern in ausgewählten Situationen, müssen diese Verantwortung ernst nehmen: als Achtung vor dem Kind, als Wachsamkeit für Feinheiten, Nuancen, Veränderungen, Widersprüche und für die Garantie des Rechts auf Unversehrtheit der Person des Kindes, als Bewahrung seiner Geheimnisse, als Schutz vor Auslieferung und Diskriminierung, als Fragen an das Kind statt als Feststellungen über es. Gerade weil jede Beobachtung bereits Urteile enthält – anders wäre ein Verstehen gar nicht möglich – muss besondere Sorgfalt auf den Gedanken verwendet werden, dass man nicht sehen kann, was ein Kind möchte, was es ängstigt, worum es kämpft. Man kann nur mit Hilfe des Gesehenen und Gehörten versuchen, ein – immer vorläufiges – Verständnis zu finden, den Entwurf eines Bildes erzeugen, mit dem das Kind einverstanden sein kann, das es als Geschenk empfinden und entgegennehmen kann. Wenn ein Kind sagen kann: An mich wurde geglaubt, auch als ich an mir gezweifelt habe; ich wurde ermuntert und herausgefordert, als ich keine Lust mehr hatte; als ich nicht mehr wusste, wohin, hat man mir Perspektiven gezeigt, denen ich folgen konnte; immer dann ist es gelungen, ein Bild zu „verschenken", das dem Kind etwas gibt statt nimmt, es nicht misst, sondern es in seinen Stärken unterstützt. In diesem Bild muss man aber nicht nur die gesammelten Informationen über das Kind „verarbeiten", sondern auch eigene Absichten und Urteile, sich also als Beobachtenden mit einbeziehen. Bilder zu schaffen bedeutet, Verstehensarbeit zu leisten, die weit mehr ist, als aufzuzählen, was auffällt und nicht passt.

Beobachtungen werden meist ungefragt an Kindern durchgeführt. Das beinhaltet immer die Gefahr, über Kinder als „Material" zu verfügen, sich einzumischen in ihre Beziehungen, ihre Äußerungen und Gefühle überwachend und kontrollierend zu erfassen. Auch wenn das Kind der Beobachtung zustimmt, braucht es viel Vertrauen, denn es hat keinen Einfluss auf die Wahrnehmungen des Beobachters und auf die Schlussfolgerungen, die der Beobachter daraus zieht. So können Beobachtungen Menschenwürde verletzen. Sie beinhalten aber auch die Chance, sich Respekt für das Kind zu erarbeiten und Vorurteile zu reflektieren.

Beispiel 3: Erdal

Das nachfolgende Beispiel aus einer Grundschule macht deutlich, wie es einem Praktikanten gelingt, in der Beobachtung und Auseinandersetzung die Würde des Kindes zu respektieren und vor allem etwas über sich selbst zu lernen.

Ausgangssituation der Beobachtung (in der Vorschulgruppe einer Grundschule): Eine Woche zuvor hatten Kinder mit Klebebändern aus Kartonpappe eine quaderförmige Röhre zusammengeklebt und in Eigeninitiative von allen Seiten bemalt. Erdal (6;11) hat aus Bänken eine Höhle gebaut.
8.20 Uhr. Im Hintergrund spielt Technomusik.
Erdal holt die Pappröhre, stellt sie wie einen Schornstein auf die Höhle. Vor der Höhle steht jetzt Carsten (7;0). Erdal ruft: „Hier dürfen alle rein, nur nicht Carsten und Tom." Erdal zieht sich die Röhre (den Schornstein) über den Körper und trägt sie wie eine Rüstung um den Bauch. Erdal tanzt und singt: „Ich bin der Schornstein" und ruft: „Carsten, ich bin der Schornstein!" Dann: „Wer will der Schornstein sein? Keiner!" Carsten: „Ich!" Erdal reagiert nicht. Carsten: „Erdal, du Blöder!" Erdal schlüpft aus der Höhle, nimmt sie in beide Hände und tanzt, stülpt sie wieder über, tanzt weiter. „Ich bin der Schornstein." Er nimmt die Röhre wieder ab. Carsten ergreift die Röhre. Erdal ruft: „Hey!" Carsten läuft mit der Röhre aus dem Raum, Erdal

hinterher. Nach ca. 30 Sekunden kommt Erdal mit der Röhre wieder zurück, Carsten hinterher, folgt Erdal zum Regal mit dem Bastelmaterial. Mit geschlossenen Scheren stechen sie Löcher in die Röhre, immer heftiger, bald rhythmisch, als wäre es eine Trommel. Erdal schneidet jetzt größere Löcher, Carsten trommelt weiter mit zwei geschlossenen Scheren. Erdal läuft zu einigen Kindern, die basteln, Carsten bohrt und trommelt weiter. Dort sitzt auch der Vorschullehrer mit einem kleinen Computer. Zwei Kinder schauen ihm zu, jetzt ca. eine Minute auch Erdal, der dann wieder zur Höhle läuft, wohin Carsten die inzwischen sehr durchlöcherte Röhre gebracht hat. Erdal ruft zum Lehrer: „Die haben den Schornstein kaputt gemacht!" Erdal hantiert mit einer Schere, ruft: „Die geht nicht auf!" Erdal macht wilde Sprünge, hin und her über die Röhre, setzt sich dann kurz auf den Boden, schaut auf die Röhre: „Ich mach das auf." Die Musik hat aufgehört, aber Erdal tanzt wieder. „Damdidam lala", singt er leise. Erdal läuft mit der Röhre herum, läuft wieder zu den Scheren, nimmt eine sehr große und schneidet ein großes Loch hinein. Dann geht er damit zum Beobachter, stellt die Röhre vor ihn hin: „Harald, kannst du das aufpassen, ich muss zur Toilette. Da darf keiner ran." Der Beobachter nickt. Erdal läuft hinaus. Nach einer Minute kommt Erdal wieder in den Raum gelaufen, greift im Lauf die Röhre, lächelt dabei Richtung Beobachter und sagt „Guten Abend." Erdal stellt die Röhre bei den Scheren ab und läuft zum Sofa neben der Höhle, setzt sich, springt sofort wieder auf und läuft zurück zur Röhre, schneidet ein weiteres großes Loch hinein, läuft zum Beobachter. „Harald, wo ist Martina?" (eine andere Praktikantin). Der Beobachter schaut sich um und sagt: „Ich weiß es nicht". Erdal läuft wieder zur Röhre, schneidet noch ein Loch mit einer großen Schere. Er bringt die Röhre zur Höhle und stellt sie als Schornstein hinauf. Dann läuft er zum Legoschrank, schaut hinein, läuft zum Kasten mit Spielzeugautos, nimmt einige heraus, zurück zur Höhle und kriecht mit den Autos hinein. Jetzt ist auch Carsten wieder an der Höhle, kriecht zu Erdal hinein. Erdal kommt wieder heraus, klettert auf die Höhle und zieht ihre Deckenverkleidung sorgfältig zurecht. Dann läuft er durch den Raum, legt eine kurze Pause bei den „Bastelkindern" ein und schaut ihnen ca. 30 Sekunden zu. Er läuft zum Lichtschalter, knipst das Licht mehrfach an und aus. Ein Deckenlicht von zweien stellt er dann ganz ab. Der Vorschullehrer geht zu ihm: „Klasse, Erdal, das finde ich ganz toll von dir." Erdal: „Es ist gut, wenn das Licht ausbleibt, sonst geht der Strom weg." Erdal läuft zurück zur Höhle. Er stellt ein großes Sitzkissen wie eine Tür vor den Eingang. Zusammen mit Carsten nimmt er den Schornstein vom Dach. Sie trennen die Klebestreifen ab und klappen die Röhre auf, lehnen sie an das Sitzkissen, so dass es den Eingang verschließt als große bunte Tür, zusätzlich zum Kissen. Rachid (6;0) kommt. „Darf ich mitspielen?" Auch Hassim (5;0) und Michael (6;0) fragen. Erdal: „Nein, ihr habt nicht mitgeholfen." Erdal nimmt die Pappe wieder in die Hand, schneidet ein Loch, das wie ein kleines Türfenster aussieht, hinein, mit Fensterklappe. Hassim nimmt eine Schere und macht mit. Nach 2–3 Minuten ruft Erdal den Lehrer: „Hassim blutet!" Es ist kein Blut zu sehen. Der Vorschullehrer fragt: „Ketchup oder echt?" Erdal: „Echt!" Sie arbeiten weiter. Erdal sagt dann: „Aber Hassim darf nicht in die Höhle." Darauf Carsten: „Aber er hat doch mitgeholfen!" Erdal schneidet noch zwei Minuten an der Pappe, schaut zu den „Bastelkindern" und läuft zu ihnen hinüber. (8.45 Uhr) (Müller 1997)

Beobachtungen können Einstellungen verändern

Der Praktikant notiert zu seiner Beobachtung folgende Gedanken:

„Jetzt, wo ich meine Aufzeichnungen nochmals, mehrmals gelesen habe und mich an die Situation erinnere, gut erinnere, wird mir langsam klar, dass ich Erdal jetzt doch tatsächlich ganz anders sehe. Dabei möchte ich auf keinen Fall jede seiner Tätigkeiten interpretieren und eine vollständige Persönlichkeitsanalyse anfertigen. Ich würde mich wahrscheinlich in Überinterpretationen verrennen, dabei vielleicht Wesentliches übersehen und dem Fehlglauben unterliegen, jetzt kenne ich Erdal.

Ich möchte aber einige Sachen beschreiben, die mir aufgefallen sind. Erdal wurde schon gelegentlich von anderen als sehr unkonzentriert kommentiert. Auch das Wort „hyperaktiv" ist gefallen. Es ist auch tatsächlich erstaunlich, was dieser kleine Wirbelwind während der kurzen Beobachtungszeit alles getan hat. Kaum ein Moment echter Verschnaufpause, ständig in Bewegung. Mir ist aber bei der Beobachtung etwas aufgefallen, was ich vorher nie bemerkt habe, nämlich wie Erdal hier selbst mit sich umgeht. Ich denke, er ist auf seine Art durchaus konzentriert bei der Sache. Er baut an der Höhle herum, findet eine Verschönerungsmöglichkeit (Schornstein) und findet dann an diesem (der Papprōhre) immer mehr Interesse, befasst sich sehr intensiv damit. Bei all seiner Verspieltheit, vielleicht Sprunghaftigkeit, ich finde leider keine besseren Worte, findet er seine eigene Lösung, sich zu konzentrieren. Er nimmt sich immer wieder kleine Pausen. So springt er zwischendurch hin und her über den Schornstein, tanzt, singt, immer ganz kurz, läuft zu anderen Kindern und sammelt neue, andere Eindrücke. Dann wendet er sich wieder seiner eigentlichen Haupttätigkeit zu.

Man könnte jetzt sagen, wie soll er sich im späteren Leben auf eine Arbeit konzentrieren? Dem würde ich nach dieser Beobachtung Folgendes entgegenhalten: Erdal hat jetzt durch diese spielerischen Pausen eine Lösung gefunden. Warum sollte er nicht auch später eine Lösung, seinen eigenen Weg finden? Gebt ihm doch etwas Zeit und zeigt ihm Vertrauen. (...) Ich gebe zu, auch ich war öfter genervt, wenn bei irgendeiner Tätigkeit, die ich oder andere Kollegen mit den Kindern durchführten, unsere Konzentration gestört wurde, weil Erdal herumhüpfte und oft frech wurde. Doch darf man da sagen, Erdal muss einfach anders werden, dann ist das Problem gelöst? Ich denke, etwas Gelassenheit und respektvolles Eingehen auf seinen Charakter ist hier notwendig.

Ich habe, auch in dieser Beobachtung, erfreut bemerkt, wie auch der Vorschullehrer, der Erdal gut kennt, sich bemüht, ihn nicht ständig zu maßregeln, zur Konzentration aufzurufen, sondern ihm Freiraum lässt zu selbstständigem Verhalten. Als Erdal ihm sagt, dass Hassim blutet, was nicht stimmte, könnte man glauben, er nähme Erdal nicht ernst mit seiner Bemerkung „Ketchup oder echt?“ Ich denke aber, es ist einfach seine Art, sich heraus zu halten. Er sieht einen kleinen Konflikt und denkt, das kriegen die Kinder hin, Erdal braucht mein Eingreifen jetzt nicht und Hassim auch nicht.

Voreilige Zuschreibungen halten nicht stand

Konflikte und ihre Lösungen sind die zweite Sache, die mir aufgefallen ist. In Bemerkungen über Erdal fiel häufiger das Wort Aggressivität. Er hat auch schon häufig andere Kinder geschlagen und benutzte oft Worte aus der Fäkalsprache. Bei der Beobachtung aber fiel mir auf, wie er durchaus andere Möglichkeiten findet, sich in Konfliktsituationen zu verhalten. Zum Beispiel bezüglich der Höhle. Die Frage, wer in die Höhle darf, die Kinder, die sie gebaut haben, oder alle, ist bei unseren Vorschulkindern ein ständig wiederkehrendes Thema. Ich habe auch schon hier und da gesehen, wie Erdal Kinder von der Höhle vertrieb. So war ich sehr überrascht, wie Erdal bei meiner Beobachtung andere Verhaltensweisen zeigte, zum Beispiel Carsten gegenüber. Nachdem er zuerst verkündete, er dürfe nicht in die Höhle, ließ er sich zunehmend mit ihm ein; auch das Gerangel um den Schornstein (Carsten lief mit ihm hinaus und Erdal mit ihm wieder herein) lief ohne Gewalt ab, war eher spielerisch. Sofort nach dem kleinen Konflikt bohrten sie gemeinsam Löcher in den Schornstein, zum Teil trommelten sie im fast gleichen Rhythmus darauf ein. Dieses scheinbar sinnlose Löcherbohren könnte man als zerstörerisch und aggressiv interpretieren. Ich aber hatte eher den Eindruck, es war einfach ein lustiges Spiel. Jedoch selbst wenn es Ausdruck von Aggressivität war, ist es doch schön, dass sie diese gemeinsam an der Pappröhre abreagierten, die schon eine Woche lang herumlag und auf die niemand Besitzanspruch erhob. Überhaupt fand ich den Umgang mit diesem Gegenstand, der sich auch später noch fortsetzte, äußerst faszinierend.

Zwei Tage später fand ich im Papierkorb ein Stück bunter Pappe, die kümmerliche Hinterlassenschaft von für mich hochinteressanten Vorgängen.

Eine Szene, die mich immer noch beschäftigt, ist, als Erdal dem Vorschullehrer zurief, Hassim würde bluten. Es war klar, dass Erdal Hassim nicht in der Höhle haben wollte. Hassim ist jünger, kleiner und schwächer als Erdal. Er hätte ihn leicht vertreiben können. Hatte Erdal gehofft, der Lehrer würde Hassim aus dem Spiel nehmen, aus Angst, er könnte sich mit der Schere bei diesem Spiel verletzen? Ist Erdal so „raffiniert"? Vor der Beobachtung hätte ich solche Gedanken nie erwogen, es Erdal sicher nicht zugetraut. Sollte Erdal solche Gedanken gehabt haben, reagierte er aber auch nicht verärgert, als es nicht funktionierte. In unserer Gruppe bemühen wir uns, den Kindern die Chance zu selbstständiger Konfliktlösung zu geben. Ich glaube, auch in dieser Beobachtung hier kleine Erfolge zu sehen. Erdal ließ Hassim dann auch mitarbeiten, und als er für einige Zeit die Szene verließ, tat er das ohne Zorn.

Interessant fand ich die Szene am Lichtschalter. Erdal zeigte hier Vernunft und Verantwortungsbewusstsein, wie es bisher eigentlich nicht zu dem Bild gehörte, das sich die meisten Erwachsenen – zugegeben, auch ich! – von Erdal gemacht hatten. Auch seine Äußerung („sonst geht der Strom weg") zeigt mir, dass er nicht auswendig gelernten oder gar antrainierten Geboten folgt, sondern sich eigene Gedanken gemacht hat und diese – hier dem Vorschullehrer – mitteilen möchte.

Insgesamt fand ich die Beobachtung und das Nachdenken darüber interessant und wichtig. Ich habe Erdal ganz neu kennen lernen können und, so glaube ich, auch ein paar zu schnell gefasste Urteile überwunden. Ich freue mich auf die weitere Arbeit mit Erdal. Trotz aller Schwierigkeiten, die ihm vielleicht noch bevorstehen, glaube ich an ihn, und wenn ich ihn zum Ende meines Praktikums „loslassen" muss, wünsche ich ihm alles Gute. Erdal, lass dich nicht unterkriegen!" (Müller 1997)

3. Probleme bei Beobachtungen

An zwei verschiedenen Beispielen möchte ich die möglichen Probleme beim Beobachten veranschaulichen.

Beispiel 4: Julian[1]

Julian (5;0) versucht uns Erwachsenen des Öfteren auszutricksen. Zum Beispiel hat er einen Bauteppich, Puppen und andere Teile von der Erzieherin bekommen, fragt mich aber trotzdem, ob er mit den Actionmännern auf dem Teppich spielen darf. Er spielt fast nur Kampfspiele. Er spielt extrem laut, im Gegensatz zu anderen Kindern; schmeißt auch ab und zu mit den Spielsachen um sich, mit denen er spielt. Holt sich oft Spiele aus dem Regal, die er gar nicht kann, aber er behauptet, er kann diese Spiele spielen. Er nimmt die Actionmänner auch mal in den Mund. Wenn man ihn fragt, ob er mit den Actionmännern kämpft, sagt er natürlich „nein", sonst müsste er ja die Spielsachen wegpacken. Er spielt eigentlich nur Kampfspiele, wo es darum geht, jemandem den Kopf abzuhacken oder jemanden umzubringen. Spielt sehr häufig was im Liegen statt im Sitzen. Kann sich beim Puzzeln überhaupt nicht konzentrieren, Hauptsache, er puzzelt das Ganze schnell fertig. Er redet beim Puzzeln sehr viel und puzzelt dadurch langsamer als die anderen Kinder. Kann alleine überhaupt nicht puzzeln; wenn andere Kinder ihm Hilfe anbieten, nimmt er sie auch an, aber er fragt von sich aus nicht die Kinder, ob ihm jemand hilft; er wartet, bis die Kinder ihn fragen. Er macht sehr viel Blödsinn. Er sagt zum Beispiel, er sei ein Pirat. Wenn er Hilfe annimmt, dann lässt er das Kind fertig puzzeln und macht gar nichts mehr. Und wenn das Kind dann einen Fehler macht, dann meckert er das Kind an: „Du machst alles falsch." Wenn man ihn darauf aufmerksam macht, er solle das Kind, das ihm ja nur helfen wollte, nicht alles alleine machen lassen, sagt er zwar „ja", macht aber trotzdem nichts anderes als vorher. Er fragt, wenn er fertig ist mit seinem Puzzle, ob er einem anderen Kind helfen kann, obwohl er dem anderen Kind nicht hilft, sondern nur Blödsinn macht oder es falsch puzzelt und somit dem anderen Kind nicht hilft. Er redet lieber Blödsinn als zu puzzeln.

[1] Dieses ist die erste, unangeleitete Beobachtung eines sehr jungen Praktikanten zu Beginn seiner Ausbildung. Da er nicht wissen konnte, wie man es besser machen kann, möchte ich aus Gründen der Fairness keinen Namen angeben.

Beispiel 5: Kazim

Kazim (5 1/2), Hermann (5 1/2), Helga (4) und Antonella (4 1/2) sitzen in einer Spielecke und bauen mit Duplo-Steinen ein großes Haus. Hermann, Helga und Antonella sind sehr beschäftigt und reden kaum. Kazim guckt eher zu, als sich zu beteiligen. Die Tür geht auf und Hermanns Mutter guckt herein. Sie geht aber wieder. „Huch, deine Mama war eben da!", sagt Kazim zu Hermann und zeigt zur Tür. Hermann reagiert nicht. Kazim nimmt einen roten Duplo-Stein aus der Kiste, dann sucht er noch einen und zählt leise die Punkte des Steins und steckt die Steine zusammen. Hermann fasst Kazim leicht ans Ohr und fragt: „Wir sind alle Freunde, okay?", und deutet mit seinem Kopf auf das Haus, das sie bauen. „Ja, aber ich muss noch was ganz Großes machen", antwortet Kazim und zieht beim Wort „Großes" die Augenbrauen in die Höhe. Hermann guckt ihn mit offenem Mund an und nickt, baut dann weiter. Antonella und Helga reden leise miteinander. Kazim sagt: „Ich frag dich wohl ...", dann stockt er. Hermann baut, ohne ihn anzugucken. „Ich komme in zehn Tagen wieder", sagt Kazim laut und fährt mit einem Duplo-Männchen auf einem Motorrad in seiner Hand über den Boden. „Tschüss! Ich fahre ganz weit weg. Brumm, brr, brr. Hupp, hupp." Kazim fährt durch das ganze Zimmer und entfernt sich mehrere Meter von den anderen. Er zählt: „... neun, zehn. Zehn Tage. Zehn Tage sind jetzt um."
Er kommt zurück und guckt den anderen zu, während er mit heruntergezogener Lippe sein Männchen vom Motorrad nimmt. „Ich fahre noch einmal zehn Tage weg!" Er setzt das Männchen wieder drauf. Kazim fährt zweimal um die Gruppe herum und summt eine Brummmelodie. Er entfernt sich und kommt wieder. „Ihr fragt jetzt wohl, wo ich war!?" Keiner fragt ihn. Er fragt: „Wo fahrt ihr denn hin?"
Die Kinder bauen stumm weiter. Kazim sitzt da und klopft mit den Händen auf den Boden. Er fragt: „Seid ihr jetzt da?" Er legt sich auf den Bauch und guckt den anderen Kindern direkt ins Gesicht, rutscht ganz nah an Antonella ran und schaut sie an. Er wiederholt seine Frage und zieht seine Augenbrauen hoch. Lukas, der etwas weiter weg im Raum sitzt, wirft ein Kuscheltier zu der Gruppe hin. Keiner kümmert sich darum. Kazim setzt sich wieder auf und popelt in der Nase. Er hebt die Schultern, steht auf und setzt sich in die Kuschelecke zu Lina. Die beiden flüstern etwas und lachen laut (ich bin zu weit weg, um es verstehen zu können). Dann stehen sie auf und laufen in den Nebenraum. Antonella folgt ihnen. (Reinhardt 1997)

Unterstellungen in Beobachtungen

Aus der ersten Beobachtung (Beispiel 4) erfahren wir sehr wenig über das konkrete Tun des Kindes. Obgleich der Praktikant 20 Minuten das Geschehen protokollieren wollte, ist seine Niederschrift (die er anschließend offensichtlich noch „ausgebessert" hat) zu einer zusammenfassenden Bewertung geraten. Begriffe wie „fast nur, ab und zu, oft, auch mal, eigentlich nur, sehr häufig, sehr viel, überhaupt nicht, wenn ... dann" sind solche, die in Beobachtungen nicht vorkommen dürfen, denn so etwas kann man nicht in einer Situation sehen oder hören, sondern nur aus mehreren Situationen nachträglich zusammenfassen. Im Beispiel 5 dagegen können wir im Beobachtungsprotokoll miterleben, wie oft Kazim den anderen Kindern erklärt – und wie er es tut –, dass er nun weit und lange weg fahre. Man kann nachlesen, wie unterschiedlich er diese Informationen jeweils weitergibt: „Ich komme in zehn Tagen wieder!" ... „Tschüss, ich fahre ganz weit weg. Brumm, brr, brr. Hupp, hupp" ... „... neun, zehn. Zehn Tage sind jetzt um" ... „Ich fahre noch einmal zehn Tage weg." Zwischen den einzelnen Sätzen liegen Handlungen und Bewegungen, so dass wir hier insgesamt einen Eindruck bekommen in eine Abfolge, in die Dynamik eines Prozesses, in dem das Kind der Regisseur ist. Für uns wird durch die Mitschrift ein „Drehbuch" erkennbar. Würde dieses zusammengefasst in dem Satz: „Er sagt den Kindern mehrmals, dass er wegfahren will", es bliebe nichts mehr übrig von der Situationsspannung, auch nicht von dem Kind selbst, denn dieses würde in einer solchen Verallgemeinerung verschwinden, anonym und austauschbar werden.

Zurück zum Beispiel 4: Ein weiteres auffallendes Merkmal (und Problem) dieser Beobachtung ist, dass dem Kind verschiedene Absichten unterstellt werden. Absichten aber kann man niemals beobachten, sondern nur aus Beobachtungen erfragen oder mutmaßen. Auf Beobachtung 5 bezogen könnte man zum Beispiel fragen: Welche Absichten verfolgte Kazim in der Sequenz mit den 10 Tagen und dem Wegfahren? Es kann viele verschiedene Gründe dafür geben. Hat Kazim einfach Spaß am Zählen? Er zählte ja zuvor auch die Noppen des Duplo-Steines. Ist die Zahl 10 für ihn eine Größe, die ihm etwas Besonderes bedeutet, mit der sich schon gut auskennt? Hat er die Vorstellung, dass zehn Tage eine lange Zeit sind – er will ja auch ganz weit weg fahren, wie er sagt? Greift er auf sie zurück, weil sie sich für seine Handlungsvorstellungen groß genug anhören? Gab es in seinem Alltag Ereignisse, in denen zehn Tage und „weit weg" eine besondere Rolle spielten, und baut er das deshalb ins Spiel ein, weil es ihn beeindruckt hat und immer noch beschäftigt? Oder gibt es in der Kindergruppe so etwas wie ein Spielritual um die Größenordnung 10? So viele, viele Fragen und Mutmaßungen, aber keine Sicherheiten, die eine eindeutige Aussage erlauben. Und: man bleibt neugierig auf das „Drehbuch" in diesem Spiel, auf das, was den Kindern als Akteuren wichtig ist. Diese Beobachtung konzentriert sich auf die Kinder, ohne auf Interpretationen zu drängen oder Ableitungen zwingend zu formulieren.

In Beispiel 4 dagegen gibt es Unterstellungen, die unhinterfragt eingebaut werden, als könnte es keinen Zweifel über die Richtigkeit geben: „Julian versucht, die Erwachsenen des Öfteren auszutricksen." Zu dieser Behauptung wird zwar im Anschluss ein Beispiel gegeben und eine Erklärung versucht, was als Austricksen vom Beobachter verstanden wird, aber es wird kein Versuch unternommen, sich auch andere Möglichkeiten der Interpretation zu erarbeiten; deshalb bleibt es eine Unterstellung. Wollte Julian sich vielleicht nur beim Praktikanten vergewissern, dass es in Ordnung ist, mit dem Bauteppich zu spielen? War ihm vielleicht einfach die Kontaktaufnahme zu diesem Erwachsenen wichtig, und er hat sie eingekleidet in die Frage um den Bauteppich? Viele Kinder tun das, wenn sie die Erfahrung gemacht haben, dass es die sicherste Art und Weise ist, mit Erwachsenen Kontakt herzustellen, wenn man sie fragt, ob sie etwas erlauben.

Die nächste Unterstellung: „Er holt sich oft Spiele aus dem Regal, die er gar nicht kann, aber er behauptet, er kann diese Spiele spielen." Wir erfahren nicht, wie dieses hier behauptete Nichtkönnen aussieht. Heißt hier Nichtkönnen, die Regeln eines Spiels nicht einhalten zu können? Oder Abläufe nicht zu können, die der Erwachsene sich als richtig für diese Spiele vorstellt? Ist mit Nichtkönnen gemeint, dass ein Spiel nicht ohne Unterbrechung zu Ende gebracht wird von Julian? Julian selbst verteidigt sein Können, wenn er behauptet, die ausgesuchten Spiele auch zu können. Wie macht er das? Sagt er „ich habe das schon mal gespielt"? Sagt er „ich weiß, wie das geht"? Oder sagen die Erwachsenen zu ihm „das kannst du doch noch gar nicht" und er sagt „doch", entweder, weil er anderer Meinung ist, oder weil er sich wehren will?

Was fühlt der Praktikant, wenn er so einen Satz über ein Kind niederschreibt? Wirft er dem Jungen – unausgesprochen – etwas vor? Ist er sich, wenn das so ist, dessen bewusst? Und was könnte Inhalt dieses Vorwurfs sein? Selbstüberschätzung, Vermessenheit, Dummheit, Unangemessenheit des Verhaltens, Unbelehrbarkeit ...? Warum findet er erwähnenswert, dass Julian, obgleich er aus Sicht des Erwachsenen etwas noch nicht kann, doch behauptet, er könne es? Der Praktikant beschreibt ja nicht eine konkrete Situation, in der der Junge sich so verhält, sondern er hebt dieses Verhalten zusammenfassend und verallgemeinernd hervor. Wie soll ein Kind seiner Meinung nach lernen, etwas zu können, ohne es so lange zu versuchen, bis es das kann?

Eine weitere Unterstellung findet sich in dem Satz: „Wenn man ihn fragt, ob er mit den Actionmännern kämpft, sagt er natürlich nein, denn sonst müsste er ja die Spielsachen wegpacken." Hier wird etwas als Problem dem Jungen zugeschoben, was eigentlich ein Problem der Erwachsenen ist. Actionfiguren symbolisieren Kampf, sie sind deshalb auf dem Markt und werden von Kindern ausgesucht, weil sie Kämpfen spielen wollen. Die Regel, die wir aus dieser Textsequenz kennen lernen (du darfst mit Actionfiguren nicht Kämpfen spielen; wenn du es trotzdem tust, musst du sie wegräumen), ist unsinnig. Wird dem Beobachter das bewusst? Denkt er über die Regel nach, die den Jungen hier offensichtlich dazu bringt, eine taktische Antwort zu geben? Wie bewertet der Praktikant das Verhalten des Jungen, wenn er ihm schon unterstellt, er verhalte sich „natürlich so", weil „sonst müsste er ja ..."? Fühlt der Praktikant sich gut, weil er glaubt, den Jungen durchschaut zu haben? Wie reagiert er auf dessen Antwort?

Und noch eine letzte Textstelle aus dieser Beobachtung: „Kann sich beim Puzzeln überhaupt nicht konzentrieren, Hauptsache, er puzzelt das ganze schnell fertig." Hier wird Julian unterstellt, es ginge ihm nur um ein schnelles Ergebnis. Woher weiß der Beobachter das? Und, so fragt man sich, wie ist ein schnelles Ergebnis möglich, wenn man sich „überhaupt nicht"(!) konzentrieren kann? Was ist dem Beobachter bei dieser Hervorhebung so wichtig? Was will er, dass der Junge tut, was gefällt ihm nicht aus welchem Grund?

Beurteilungen in Beobachtungen

Ein Problem wird ganz deutlich: Im Beobachtungsbeispiel 4 rückt die Person des Beobachters in den Vordergrund, er steht im Mittelpunkt. Man entwickelt Fragen über Fragen an ihn, bevor man überhaupt daran denken kann, über den Jungen nachzudenken. Das ganze Beobachtungsbeispiel drückt eine Beziehung aus zwischen dem Beobachter und dem Jungen. Natürlich gibt es in dieser Beobachtung auch Gesehenes, Hinweise auf Dinge, die Julian tut: Spielsachen werfen, Actionfiguren in den Mund nehmen, im Liegen spielen, Erzählen beim Puzzeln, sagen, er sei ein Pirat ... Aber diese Informationen können nur schwer aus dem vorgegebenen Bewertungszusammenhang heraus gedacht werden. Alles, was dieses Beispiel an Informationen und Aussagen enthält, ist – abgesehen davon, dass es ungenau beschrieben ist – eingebettet in die Beziehung Beobachter – Kind, lässt einen konfusen Eindruck aufkommen, dass es sich hier um ein Problemkind handeln könnte, zumindest um ein Kind, das sich in vielen Aspekten „merkwürdig" verhält, also den Beobachter „aufmerken" lässt, anders als bei anderen Kindern. Dieser Eindruck wird noch dadurch unterstützt, dass oft fast nebenbei Vergleiche eingebaut werden:

Er ist laut „im Gegensatz zu anderen Kindern", er erzählt viel, deshalb „puzzelt er langsamer als andere Kinder". Vielleicht sind die einzelnen Informationen, die diese Beobachtung mitteilt, tatsächlich ein Hinweis auf etwas, das dem Jungen Probleme bereitet, und sein Verhalten ist seine Sprache, das mitzuteilen. Wir wissen es nicht, weil die Beobachtung keine Möglichkeiten enthält, diese Ableitungen nachzuvollziehen; bzw. kann man den angebotenen Ableitungen nicht trauen, weil sie bereits ein fertiges Urteil beinhalten und darüber hinaus nur zusammenfassen statt zu beschreiben.

Sehen, was man sehen will

Als Probleme von Beobachtungen lassen sich verallgemeinern:
Als erstes die ungenaue Beschreibung des Gesehenen und Gehörten. Auslassungen und Zusammenfassungen, die die Beschreibung ersetzen, hängen eng mit dem zweiten Problem zusammen, nämlich, dass Beobachter nur sehen, was sie sehen wollen. Ein solcher Blick selektiert, er wählt aus, er versucht, den Leser in die Sicht des Beobachters zu drängen, der an das, was er da ausgewählt wahrgenommen hat, als ganze Wahrheit glaubt. Mit diesem zweiten Problem ist ein weiteres verbunden, nämlich die Neigung, den Blick auf das Besondere zu richten, nach „Defiziten" zu suchen. Beobachtungen werden dann zu Bestätigungen des schon vorher Angenommenen. Vorherige Erfahrungen haben sich verfestigt und gehen als Vorurteile in die Beobachtung ein. Wenn man in einer solchen Ausgangsposition den Blick darauf richtet, die Schwierigkeiten zu erfassen, die ein Kind nach Auffassung der Erwachsenen hat oder macht, wird man sie auch entdecken und bestätigt finden. Richtet man jedoch sein Augenmerk auf das Kind, darauf, was es tut, mit wem es was tut, wie es in welcher Situation konkret handelt, wird man erstaunt feststellen, dass dieses Kind gar nicht immer so ist, wie angenommen, sondern sich sehr unterschiedlich verhält. Die eigene Wahrnehmung produziert andere Wirklichkeiten und schafft veränderten Sinn.

Ein anderes Problem bei Beobachtungen ist die Neigung, einzelne Beobachtungsaspekte, die ins Auge fallen, als Charaktereigenschaft von Kindern, als ihnen zugehörige Merkmale, zu generalisieren. Das bedeutet, Kinder nicht in der jeweiligen Beobachtungssituation zu sehen und zu verstehen, sondern sie daraus zu lösen und Bilder festzuschreiben wie „einmal so, immer so". Zwar kann sich das Kind in einer anderen Situation ganz anders verhalten, es kann vor allem auch lernen, sich anders zu verhalten, sich also entwickeln, aber wir sehen es entweder mit unserer verengten Sicht nicht oder gewichten es nicht entsprechend. Das hängt damit zusammen, dass mit Beobachtungen oft umgegangen wird wie mit Feststellungen, wie mit einem Abschlussbericht, der voreilig interpretiert statt Fragen und Hypothesen aufzustellen, statt sich zu öffnen für die möglichen Bemühungen von Kindern, Sinn zu schaffen, klar zu kommen, Ideen zu entwickeln und zu gestalten. Die eigene Norm als Maßstab bestimmt die Sinnesproduktivität und die Ausrichtung bei Beobachtungen ganz wesentlich. Unsere Normen sind im Laufe unserer Biografie gewachsen, sie machen (hoffentlich) für uns und unser Leben Sinn, können aber nicht angelegt werden an Kinder, ohne sich gleichzeitig darum zu kümmern, was Kindern wichtig ist für ihr Leben und ihre Person.

Ein weiteres Merkmal, das bei Beobachtungen zum Problem werden kann, ist der Drang zur Vollständigkeit. Wir nehmen etwas Gesehenes oder Gehörtes nicht zur Kenntnis, schauen uns nicht genau an, was wir da sehen und hören, sondern stellen gleich Mutmaßungen an, ordnen ein, wollen den Kindern auf die Schliche kommen, bilden Zusammenhänge, in denen wir Gesehenes und Gehörtes mit unseren Bedeutungen und unseren Vorstellungen auffüllen, ohne uns mit dem Beobachteten selbst auseinander zu setzen. Wir schaffen aus Stichwörtern fertige Grundsätze und Theorien. Damit entfernen wir uns weit von den Realitäten und Personen der Kinder. Das letzte Problem bei Beobachtungen kann auch die Fokussierung der Aufmerksamkeit, also das gezielte, absichtliche Hinsehen sein. Dieses Problem ist beobachtungsimmanent, denn man kann nicht beobachten, ohne die Aufmerksamkeit zu fokussieren, und man kann dieses wiederum nicht, ohne subjektiv zu sein. (Zur Aufzählung der Probleme vgl. Kobelt Neuhaus 1997, S. 203–206)

4. Absichten von Beobachtungen

Informationen managen

Welchen Sinn machen also Beobachtungen, wenn sie doch immer irgendwie ungerecht bleiben, wenn wir Kinder nie ganz kennen lernen, weil wir ihnen nicht wirklich in das Innerste ihrer Gefühle, ihrer Gedanken und ihres Wollens folgen können, wenn wir es darüber hinaus auch nicht schaffen, unseren eigenen Blick mit seiner speziellen Deutung und Sinnhaftigkeit von einem subjektiven in einen objektiven zu verwandeln? Wenn wir außerdem als Erwachsene ein ganz anderes Leben führen und Erleben fühlen, als Kinder es tun? Welchen Gewinn können uns dann Beobachtungen und die ganze Mühe damit bringen?

Ich will das Kernproblem noch einmal anders ausdrücken: Die Beobachter müssen „Informationen managen", die Kinder dagegen müssen „Spannungen managen" (vgl. Goffmann 1975, S. 128; Goffmann gebraucht diese Begriffe allerdings im Zusammenhang mit Diskreditierung).

Was ist damit gemeint? Die Kinder sind in jeder Spielsituation dabei, Geschichten zu entwickeln und zu gestalten, also Handlungen zu erfinden und umzusetzen; sie kooperieren mit anderen oder grenzen sich von ihnen ab; sie versuchen, ihren eigenen Platz so zu füllen, dass es ihnen möglichst gut mit sich selbst geht. Diese Geschichten sind spannungsgeladen, voller Dynamik, sie enthalten verschiedene Aspekte, die gemanagt werden wollen und müssen. Das tun Kinder verschiedenen Alters auf sehr unterschiedliche Weise, weil ihr Zugang zur Welt, ihre Erfahrungen und Interpretationen, die sie daraus entwickeln, anders sind als die von Erwachsenen.

Beobachter zeichnen auf, also schreiben mit oder filmen, was sie in einem bestimmten Zeitraum sehen oder hören, und müssen diese Informationen managen oder besser: ihr eigenes Verstehen davon. Sie sind nicht in den Geschichten der Kinder und deren Ablaufregie, sie sind keine Beteiligten, so wie es die Kinder sind, sie sind Zuschauer und haben „nur" mit dem zu tun, was zu ihnen durchdringt. Aus dieser Distanz heraus können ihre Beobachtungen nicht identisch sein mit dem, was passiert, denn ihnen fehlen entscheidende Aspekte des Geschehens, in dem sie nicht drin steckten.

Dennoch ist genau das auch eine Chance von Beobachtungen: Der Beobachter kann sich den Zeitlupenblick leisten, kann sich konzentrieren auf die Abfolge aller Kleinereignisse, die er aufgenommen hat – auch noch, nachdem das Ereignis selbst schon beendet ist. Diese Konzentration auf das scheinbar Unscheinbare, auf Details, die Gleichbehandlung aller Anteile in der Beobachtung mit gleicher Konzentration und Würdigung, das macht den Unterschied aus zum „nebenbei einmal Hinsehen", dem vieles entgeht und das dem Management der Kinder, in das diese so viel Zeit, Mühe und so viel von sich selbst hinein geben, nicht gerecht werden kann. Weder der umherschweifende Blick noch die Suche nach Eindeutigkeiten bringt mich dazu, Kinder ein wenig näher in ihrer Einmaligkeit und Echtheit kennen zu lernen, sondern die Konzentration und Vertiefung auf das, was da vor meinen Augen geschieht. Es ist also nicht so sehr das Tun, sondern die Haltung, die bestimmt, ob Beobachtungen Kindern nützen oder schaden. Beobachtungen vereinfachen nicht, sondern machen die Verhältnisse zunächst einmal komplizierter, weil das, was man sieht, nie auch das ist, was drin steckt.

Korczak hat das so formuliert: „Durch Vertiefung kompliziere ich." (Korczak 1992, S. 15) Was macht diese Komplizierung aus?

Ich will das anhand einer weiteren Beobachtung zu erklären versuchen.

Beispiel 6: Jan

10.05 Uhr: Jan (18 Monate) sitzt in der Sandkiste mit Eimer und Schaufel; füllt den Eimer mit Sand und probiert vom Sand; lässt es dann nach, als eine Erzieherin „bäh, bäh" sagt. Bohrt weiter Löcher in den Sand im Eimer, guckt dabei nach anderen Kindern, die um ihn herum spielen. Er macht jetzt den „Berg" vom Eimer weg und füllt ihn mit der Schaufel wieder auf; bohrt weiter Löcher in den Sand; guckt mich kurz an, stürzt den Eimer und füllt ihn wieder auf. Jan kippt den Eimer erneut aus, lässt ihn liegen. Er steht mit Sand in der Schaufel auf, geht zur Rutsche und kippt den Sand darauf. Anja (2) und ein Kind aus der Nachbargruppe, die ebenfalls Schaufeln in der Hand haben, machen jetzt das Gleiche. Jan grinst, „beschaufelt" Maria (1), die etwas abseits steht, mit Sand; sie sagt aber nichts. Jan nimmt sich eine größere Schaufel und setzt sich wieder zu seinem Eimer. 10.10 Uhr: Jan stellt sich erneut zu den beiden Kindern an die Rutsche und schaufelt wieder Sand darauf; „beschaufelt" jetzt auch andere Kinder um sich herum; diese sagen ebenfalls nichts. Er geht dann ein Stück weiter weg zu einer Pappe, die im Sand liegt, und schaufelt einen Haufen Sand auf sie. Nun geht er mit der Schaufel aus der Sandkiste, läuft am Rand längs, geht wieder rein und schaufelt Sand auf einen Kindertisch. Eine Erzieherin schreit „Aua!" und er guckt kurz zu ihr hinüber; schaufelt dann wieder Maria Sand auf den Kopf; sie weint, er grinst. Maria nimmt ihm die Schaufel weg, gibt sie ihm aber gleich wieder; sie schaufeln jetzt gemeinsam Sand hin und her, dann geht sie weg.
10.15 Uhr: Jan sitzt am Rand der Sandkiste, wirft die Schaufel weg, beobachtet kurz zwei andere Kinder und nimmt sich wieder die große Schaufel. Geht jetzt zu einem

Spielgerüst, schaufelt Sand darauf, geht wieder zu dem Platz, an dem er vorher gesessen hat, holt dort Sand, sieht in diesem Moment einen alten Strohhut, lässt die Schaufel fallen, holt sich den Hut und setzt ihn über seine Wollmütze, lässt ihn fallen. Ich muss grinsen; er kommt in meine Richtung und grinst ebenfalls. Einen halben Meter vor mir bremst er ab und läuft – immer noch grinsend – zum Geräteschuppen und holt sich dort eine neue Schaufel. (Ehrenreich 1997)

Beobachtungen als Entdeckungsreise

Im Beispiel 6 macht es uns das Kind schwer, einen deutlichen Sinn zu erkennen, in dem, was es tut. Das ist gut so, denn so sind wir, um mit dieser Beobachtung etwas anfangen zu können, darauf angewiesen, uns zu vertiefen, unser Sehen „zu komplizieren". Die Beobachtung kann uns nur als „Rohmaterial" dienen, aus dem wir Fragen entwickeln, mit denen wir uns möglicherweise ein Verstehen (oder eine Ahnung davon) erarbeiten könnten.

Ich finde, dass es grundsätzlich ein guter Umgang mit Beobachtungen und einer guter Zugang zu Kindern ist, sich zu fragen, worüber man beim Lesen der Beobachtung staunt und irritiert ist. Nun, ich kann darüber staunen, was dieses Kind alles mit Sand anstellt, aber auch darüber, wie Jan andere Kinder einbezieht. Ich staune vor allem über den Rhythmus, die Abfolge, die Regie dieser Spielsequenz, über das Probieren, das Wiederholen, das Aufsuchen neuer Aktionsorte und das Zurückkehren zum Ausgangsort, über seine Aufmerksamkeit für das, was um ihn herum geschieht. Und das alles ist scheinbar mühelos zu einem Netz verknüpft, dass man sich in der Tat darüber wundern muss, wie ein Kind mit so kurzer Lebenserfahrung die Welt entdeckt, ausprobiert, sich ihrer versichert, sie benutzt und versucht, sie sich anzueignen.

Diese Beobachtung wird dann zur Entdeckungsreise, wenn man sich genau in dieses Eroberungsnetz von Jan hinein vertieft, also für sich rekonstruiert, was geschieht und wie es geschieht, seine Aufmerksamkeit der Regie und der Logik des Kindes folgen lässt. Dann entstehen Fragen: Welchem Verstehen war Jan wohl auf der Spur, als er den Eimer mit Sand füllte, den „Berg" abtrug, ihn wieder auffüllte, den ganzen Eimer ausleerte, ihn wieder füllte, zwischendurch Löcher in den Sand bohrte und ihn kostete? Vertiefen hieße, mitgehen zu können in diesem Erkundungs- und Entdeckungsgeschehen, in dieser so gründlich von Jan geleisteten Forschertätigkeit. Es hieße aber auch, zu fragen: Was wissen wir über Sand und seine Beschaffenheit; darüber, wie man Sand ergründen kann, über Mengen, über Füllen und Leeren? Haben wir zu diesen elementaren Phänomenen noch eine anschauliche und neugierige

Beziehung? Diese Fragen sind wichtig, um Jans Erfahrungen verstehen und würdigen zu können, nicht, indem ich Jans Erfahrungen mit meinen vergleiche, sondern indem das Phänomen Sand für mich wieder lebendig wird und ich nachspüren und aufnehmen kann, was Jan mit seinen Aktivitäten erzählt.

Um dieses Kind zu verstehen, müssen wir also auch etwas tun, um den Sand zu verstehen, den Eimer, die Schaufel, die Rutsche. Anders kann man mit einer auf den ersten Blick so wenig aufregenden Situation nichts anfangen, sie bliebe lapidares, alltägliches Spielen, das eben Kinder in diesem Alter so spielen. Schauen wir auf die Sequenz mit der Schaufel: Sand wird aufgenommen, verteilt, transportiert, mit einer kleinen Schaufel anders als mit einer großen. Sand auf Rutsche, Spielgeräte, auf Pappe oder auf andere Kinder zu verteilen heißt, zu erforschen, was etwas tut, wenn ich etwas damit tue, also seine Wirkung kennen zu lernen, deren Urheber ich, Kind, bin. Dazu gehört auch das Erlebnis, dass die Rutsche nicht weint, Maria erst auch nicht, dann aber doch, und beide wurden mit Sand beschaufelt. In diesem Spiel macht Jan auch die Erfahrung, dass andere Kinder ihm nachtun, was er ausprobiert, dass ihm Erwachsene bei dem, was er tut, zulächeln oder „bäh, bäh" sagen.

Also Vertiefung meint, sich zu fragen und sich eine Vorstellung davon zu erarbeiten, was Jan in dieser Situation leistet, wie er seine Erfahrungen managt, was ihm das Ausprobieren, Wiederholen, das Wechseln von Orten und Gegenständen, und noch einmal Ausprobieren und Wiederholen bringt. Das müssen wir schon deshalb tun, weil Jan selbst sich ganz auf das einlässt, was er tut; mit einem oberflächlichen Registrieren (er schaufelt Sand) würden wir ihm nicht gerecht werden können, seine Erfahrungen und Bildungsbemühungen nicht annähernd nachvollziehen können. Diese Beobachtung hätte keinen Sinn, würde man sich lediglich der Frage widmen, warum Jan andere Kinder mit Sand beschaufelt. Das würde bedeuten, hier bereits eine Störung zu ahnen, zu befürchten, dass es bei einem solchen Verhalten bleiben könnte und dass man das schon von Anbeginn an verhindern müsse. Dann gerät Beobachtung zur Kontrolle, zum pädagogischen Auflauern und Festnageln auf Probleme und Defizite, für die man sich sofort zuständig fühlt.

Während der Beobachtung greift die Praktikantin nicht ein, bleibt sitzen, schaut zu und schreibt mit, konzentriert sich also auf das Geschehen und erliegt nicht der Versuchung, „Wichtigeres" tun zu müssen. So kann sie auch erleben, dass und wie Maria und Jan ihre Situation miteinander klären. Sie managen, was mit ihnen geschieht – und wir managen die Informationen, die wir aus dieser Beobachtung gewinnen; und diese unsere Tätigkeit besteht vor allen Dingen darin, nachvollziehen und würdigen zu wollen, wie Kinder ihre Situationen, die ihnen geschehen und die sie selbst schaffen, managen.

5. Beobachtungen stiften Beziehungen

Nähe und Distanz des Beobachters

Bisher wurde deutlich, dass es wichtig ist, die eigene Subjektivität nicht zu verleugnen, sondern sich ihr zu stellen und sie reflektierend und erkennend einzubeziehen in die Verstehensarbeit; andererseits wurde dazu aufgefordert, sich im Nachvollziehen des Beobachteten aus der Perspektive des Kindes zu üben, wozu Einfühlung und Vorstellungsvermögen nötig sind. Der Umgang mit Beobachtungen bedeutet demnach einen aufeinander bezogenen Wechsel von Nähe und Distanz zum Kind. Sich nur auf subjektive Einfühlung und daraus resultierende Schlussfolgerungen zu verlassen, beinhaltet die Gefahr, sich in der Nähe, im Mitschwingen zu verlieren, zwischen eigenen Anteilen und der Deutungs- und Bewältigungsarbeit des Kindes nicht mehr unterscheiden zu können. Die nicht erkannten Anteile der eigenen Subjektivität machen das Kind zum Objekt der Betrachtung, enteignen es seiner spezifischen personalen Anteile in der beobachteten Situation und über sie hinaus. Der Erwachsene findet sich im Kind wieder (oder als sein Gegner) und bearbeitet dabei seine eigene Situation, nicht die des Kindes, stülpt sich dem Kind quasi über. Die Erwachsenen müssen sich „davor hüten, sich so in das Kind hineinzuversetzen, dass sie dessen Emotionen und Verwirrungen nur verstärken. Dann können sie nicht trösten, relativieren oder Mut machen, denn sie sind selbst gekränkt, enttäuscht oder fühlen sich so ohnmächtig wie das Kind." (Thiersch 2003, S. 19)

Aber auch der ganz und gar distanzierte Blick ist problematisch, wie an folgendem Beispiel gezeigt werden soll: Da gibt es einerseits den „Störungsbeistand am Beispiel der Bremsen beim VW", der in folgenden Schritten erfolgt: Beobachtung der Störung, Erkennen der Ursache, Handeln, also Beseitigung der Ursache; (vgl. Korp o. J.) da gibt es andererseits ein Fachbuch mit dem Titel: Auffälliges Verhalten im Kindesalter. Bedeutung. Ursache. Korrektur. (Trapmann 1976)

Die Ähnlichkeiten sind bestürzend. Der Titel des pädagogischen Fachbuches enthält eine Aufforderung zur Kontrolle, zu einem Blick, der feststellt, misst, sortiert, wie bei den Störungen am Auto.

Der hier angestellte Vergleich zwischen der Beobachtung eines Autos und eines Menschen ist nicht so weit hergeholt, wie es scheinen mag. Die Umgangssprache bedient sich in vielen Beispielen des Vergleichs mit Maschinen, wenn sie als abweichend interpretiertes Verhalten beschreiben will: „Jemand hat ein Rad ab; der läuft ja total aus dem Ruder; die hat eine Schraube locker; der oder die tickt nicht richtig; wir geben Gas, tanken Energie oder ziehen die Bremse." Der Maßstab des

Sehens ist die Funktion; der Blick richtet sich kontrollierend und überwachend auf das Funktionieren des Menschen und registriert die Abweichungen davon. Im Gegensatz zum „anschauenden Denken" (Wulf 1984) setzt sich im „überwachenden und kontrollierenden Sehen der Anspruch des Menschen auf Herrschaft über die Natur und über andere Menschen durch. Die Welt des Sichtbaren wird vergegenständlicht und zum Objekt gemacht. Man wählt Ausschnitte und betrachtet sie mit einem ‚kalten Blick'; man verkleinert oder vergrößert sie; man fügt die Ergebnisse der Untersuchung (Beobachtung, K.-V.) in ein System von Bedeutungen ein, in dem die Phänomene nur noch in dem Maß zum Ausdruck kommen, in dem sie befragt werden." (Wulf 1984, S. 27)

Diese Distanz macht das Kind zur Sache, zum Untersuchungsobjekt, liefert es aus; sie gibt ihm keine Chance, mit dem, was es in einer beobachteten Situation von sich preisgibt, wirklich verstanden zu werden; es wird eingeordnet und ausgebeutet.

Nachdenken und Streiten über Beobachtungen

Um Probleme um Nähe und Distanz zu bearbeiten, ist es wichtig, über Beobachtungen nachzudenken. Beobachtungen, über die nicht nachgedacht wird, sind nutzlos, denn sie hinterlassen konfuse und aneinander gereihte Eindrücke, die sich zu einem unreflektierten Bild über das Kind verdichten. Wenn man sich in das Nachdenken über beobachtete Situationen hineinvertieft, sollte man es forschend und fragend tun. Erste und dringliche Fragen sind: Was habe ich tatsächlich gesehen und gehört, und dann: welchen Eindruck hat diese Situation, dieses Kind auf mich hinterlassen? Was bemerke ich bei mir an positiven und negativen Bewertungen? Diese Fragen gilt es, mit aller Ehrlichkeit vor sich selbst zu beantworten. Gestehen wir uns Entsetzen, Befürchtungen und Enttäuschungen zu, aber: lassen wir niemals zu, dass wir bei dieser spontanen Bewertung aufhören! Es ist wichtig, andere denkbare Schlussfolgerungen zu suchen, verschiedene Alternativen und Möglichkeiten zu finden, die das, was uns nicht gefällt, auch anders erklären könnten. Es ist hilfreich, sich dabei zu „zwingen", nach Möglichkeiten zu suchen, die für das Kind sprechen. Sich vorzunehmen, ein Kind zu entdecken, ist ein anderer Auftrag an unsere Wahrnehmungen und an unser Denken, als beispielsweise die Absicht, das Ausmaß von Aggression bei einem Kind feststellen zu wollen.

Lernende und lebendige Kinder kann man nur mit lernender und lebendiger Wahrnehmung kennen lernen. Deshalb ist Wachsamkeit notwendig: Wachsamkeit bei der Beobachtung von Kindern, aber auch Wachsamkeit beim eigenen Denken und dem, was daraus für das Kind entstehen könnte.

Wenn die subjektiven Anteile in einer Beobachtung entdeckt und akzeptiert werden, das heißt, als berechtigte Anteile der eigenen Person ernst genommen, erkannt und gekannt werden; wenn außerdem daraus die Verantwortung übernommen wird, die eigene Subjektivität anderen Meinungen und Interpretationen auszusetzen, also Erweiterungen und Veränderungen zuzulassen, dann werden Beobachtungen und mit ihnen die Interpretationen kommunizierbar. Kommunizierbar heißt hier streitbar; gestritten werden muss über alle Hypothesen und Erkenntnisse und ihre subjektiven Spuren. Diesen Streit so zu führen, dass gemeinsam die Beziehung zum Kind geklärt wird, die Gründe für Hoffnungen und Sorgen, die Perspektiven, die man sich wünscht, ausgesprochen und erörtert werden, das ist notwendig, um aus Beobachtungen mit Nähe und Distanz Erkenntnisse zu gewinnen. Es muss deutlich gesagt werden, was das Kind in dieser Beobachtungssituation leistet, was es sich wie erarbeitet.

Ein Kind darf nicht zum Störfall werden

Das Misslingen, das Noch-nicht-Können, das Stören, also all die Verhaltensweisen, die uns in verschiedenen Beobachtungssituationen ziemlich schnell als Problem auffallen, werden dabei nicht entsorgt oder beschönigt, aber sie sind Teile eines Ganzen und müssen auch als solche gewichtet werden. Eine „Tat" ist etwas anderes als der Mensch, der sie tut. Die „Tat" gehört zwar in einer konkreten Situation zu ihm, aber er besteht nicht nur aus der „Tat"! Isoliert man sie, wird aus einem gelegentlich störenden Kind ein störendes Kind, später ein Störfall; das Kind selbst wird in dieser Bewertungskette immer weniger gewürdigt, an seine Stelle tritt die Störung, die seine Person völlig umhüllt. Dieses „Kleid" haben ihm die Erwachsenen verpasst, weil sie das Kind als Menschen verloren haben; sie wollen die Störung nun am Kind bearbeiten. Es muss darüber gestritten werden, welche verschiedenen Gründe ein Kind gehabt haben könnte (nicht: hatte!!), andere Kinder zu kneifen, mit Sand zu bewerfen, ihnen Sachen wegzunehmen, ihnen die Teilnahme am Spiel zu verweigern. Es muss gesucht werden nach den Unterschieden solchen Verhaltens in den jeweils konkreten(!!) Situationen (was ist ***hier*** genau geschehen, was ***dort***? Wer war beteiligt? Um was ging es hier und dort? Wie war der Ablauf?); es darf nicht zugelassen werden, zu sagen: „Er hat schon wieder gekniffen, es wird immer schlimmer mit ihm."

Das Nachdenken, also das Streiten und Komplizieren bei der Befassung mit Beobachtungen, muss auch die konkreten Bedingungen der Beobachtungssituationen einbeziehen: Räume, Zeit, Material. Was haben diese Bedingungen ermöglicht, wie wirkten sie sich einschränkend und hinderlich aus? Wenn ich Kinder in einer Spielsituation auf einem begrenzten Bauteppich beobachte, auf dem sie sich drängen, mit Platznot kleine Bausteine arrangieren und dann darüber in Wut geraten, wenn eines ihrer Bauwerke einstürzt, weil auf diesem engen Raum zufällig jemand mit Füßen dagegen stößt, so muss ich unbedingt darüber nachdenken, ob diese Wut nicht durch schlechte Bedingungen erzeugt wurde. Diese müssten dann schleunigst verändert werden. Durch Beobachtungen kann mir dieser Zusammenhang zum ersten Mal richtig auffallen und ich kann aufhören, stattdessen die „Buhmänner" aus der Spielgruppe herauszupicken und sie wegen ihrer Wut anzuklagen. Man kümmert sich in diesem Beispiel um die Wut der Kinder, indem man sich um eine größere Baufläche kümmert.

Beobachtungen geben also auch Erkenntnisse über Mängel, denen die Kinder ausgeliefert sind; was oberflächlich als ihr persönliches Problem erscheint, ist nur der Versuch, irgendwie mit den Bedingungen zurecht zu kommen und auszudrücken, dass es Schwierigkeiten gibt.

Beobachtungen schaffen Erkenntnisse

Setzt Verstehen aber vor allem eine Haltung und das Training von Wachsamkeit voraus, so gehört, um Erkenntnis aus Beobachtungen ziehen zu können, auch Wissen dazu. Genauer gesagt: Beobachtungen vermitteln Wissen, sie setzen aber auch Wissen voraus, und zwar ein Wissen, das sich nicht loslösen darf von der Dynamik der Veränderungen oder von den Wahrheiten derjenigen, über die man etwas zu wissen annimmt. Wissen über Kinder muss diese einbeziehen, macht sie nicht zu erkannten Objekten, sondern orientiert sich an ihnen als erkennenden Subjekten. Erkenntnisse aus Beobachtungen zu ziehen, bedeutet vor allem, aufmerksam zu sein dafür, wie Kinder selbst ihr Wissen und ihre Erkenntnisse bilden, welchen Platz ihnen ihre Bildungstätigkeit und ihre Bildungsorientierung in der Welt verschafft, welche Beziehungen zu sich und zu anderen ihnen diese Anstrengungen ermöglichen. Dann sind Beobachtungen eine Quelle des Lernens, eine Erfrischung auch des eigenen Wissens.

Natürlich braucht man dafür auch ein Wissen über die Potenziale, die in Kindern grundsätzlich von Geburt an angelegt sind, Kenntnisse darüber, wie Lernen vor sich geht, wie Kinder sich unterschiedlich ausdrücken und warum sie das so anders und so besonders tun, verglichen mit Erwachsenen. Wir sind es den Kindern schuldig, unsere Kenntnisse immer aufs Neue zu ergänzen und deren Gültigkeit in der täglichen Begegnung mit ihnen zu überprüfen, das heißt, zu erleben, wie das allgemein Gewusste sich so vielfältig und unterschiedlich in so vielen aufregenden und spannenden Facetten entwickelt – manchmal eben auch ganz anders, als die gerade allgemein gültige Theorie es aussagt; dann allerdings sind nicht die Kinder falsch.

Nur in der Verknüpfung von Beobachtungen und Wissen in einfühlender Nähe ***und*** nachdenkender Distanz erweitert man sein Wissen, die Perspektiven und Handlungsmöglichkeiten. Dies bereichert und entlastet zugleich: Der Versuch, nicht nur mit unseren Augen zu sehen, sondern zugleich die Augen der Kinder und das, was sie sehen könnten, zu suchen, beinhaltet die Chance, dass sich mit dem Erkennen Beziehungen vertiefen. Beobachtungen als Neugier auf die Menschen und als Würdigung ihrer Person sind Voraussetzungen und Chance dafür, dass sich zwischen Kindern und Erwachsenen wechselseitige Beziehungen entwickeln können.

Kinder sind zu jedem Zeitpunkt ihres Lebens erfahrungsfähig: Sie erleben, denken, verknüpfen Bekanntes mit Unbekanntem, gewinnen und gestalten Eindrücke. Sie erwerben daher auch Erfahrungen und Wissen über sich selbst. In diesem Prozess wünschen und leiden sie, entwickeln Konzepte über Sachverhalte und Sinnzusammenhänge. Kinder gehören nur sich selbst. Was sie ausdrücken und von sich zeigen, ist ein Angebot an Erwachsene, an dem was Kinder beschäftigt, teilzuhaben. Wenn Erwachsene ihre Beobachtungen als Entdeckungen in ihr Bild vom Kind aufnehmen und neugierig bleiben, wie das Kind dieses Bild in neuen Situationen immer wieder verändert, wird das Kind das merken, sich in seiner Person anders, aktiver und interessierter beachtet fühlen.

Damit werden Beobachtungen als Beachtungen verstanden, Teil der Kommunikation zwischen Erzieherin und Kind. Es kommt Öffnung und Bewegung in die gegenseitige Wahrnehmung. Kinder schließen aus ihren Beobachtungen über uns, ob aus unserem Bild für sie Ermutigung oder Kontrolle signalisiert wird. Unser Bild vom Kind findet also auf sehr direkte Weise Eingang in Selbstbilder und Weltbilder, an denen Kinder arbeiten.

Wenn wir Kinder beobachten, begehren wir Eintritt in ihr Leben und in ihre Person, dann wollen wir „Geheimnisse lüften“. Je nachdem, welche Erfahrungen Kinder mit uns und unserem Verstehen machen, werden sie entscheiden, ob sie uns trauen können oder nicht. Beobachtungen berühren immer die Würde des Kindes, sie sind deshalb Ausdruck von Beziehungen und sie wirken auf Beziehungen ein.

Das nachfolgende Beispiel aus dem Buch „Meine kleine Lehrerin“ kann beeindruckend veranschaulichen, wie sich aus Beobachten und Nachdenken die Beziehungen eines Vaters zu seiner Tochter und sein Bild über sich selbst verändern.

Beispiel 7: Ruth

Selbstverständlich könnte ich jeden zweiten Tag notieren, was Ruth Neues kann. Müsste oft jedoch bereits am Tag darauf, mitunter gar noch Wochen später, hinzufügen, dass sie wieder verlernt zu haben scheint, was ihr bereits gelungen war.
Es ist jetzt gut zwei Wochen her, als sie sich zum ersten Mal auf ihren eigenen zwei wackeligen Beinen fortbewegt hat. Was für ein Erlebnis! Da läuft sie plötzlich und ohne jede Vorwarnung ein paar Schritte völlig selbstständig, plumpst dann auf den Hintern, richtet sich sofort wieder auf, mühsam, ächzend, in abenteuerlichen Schräglagen balancierend – und steht dann tatsächlich wieder, kräht vor Vergnügen, tapst zwei Schritte, fällt erneut, rappelt sich hoch, jubelt, fällt um, steht auf, lacht lauthals, schafft einen Schritt, setzt sich auf den Hosenboden, arbeitet sich hoch, zwei-, dreimal vergeblich, dann erfolgreich, wovon sie unheimlich begeistert ist ... Minutenlang bietet sie dieses Schauspiel, bis sie sich erschöpft, aber glücklich an Mama schmiegt.
Und tags darauf? Ich erwartete natürlich Fortschritte (im wahrsten Sinne des Wortes), zumindest Wiederholung des Gelernten. Und Ruth? Krabbelt und rutscht und hangelt sich am Tisch entlang wie seit zwei Monaten gewohnt. Auf eigenen Füßen stehen oder gar gehen? Kein Gedanke. Und alle Animierungsversuche verpuffen. „Dann dauert's nicht mehr lange, bis sie richtig gehen kann", haben uns erfahrene Eltern, denen wir die Sensation brühwarm mitgeteilt haben, als sicher in Aussicht gestellt. Haha. Drei Tage, vier, fünf, sieben gingen ins Land – und nix. Gut, hier und da mal drei Schritte, eher zufällig. Aber da habe ich mir doch erheblich mehr vorgestellt.
Eben da liegt vermutlich mein Problem. Es ist ja nicht Ruth, die mich enttäuschte – enttäuscht wurden meine Erwartungen. Die gilt es also zu überprüfen: Waren sie realistisch, gerechtfertigt, angemessen? Oder utopisch, unfair, überzogen? Oder war es im Grunde gar einigermaßen überflüssig, sie überhaupt zu hegen?
In diesem Fall gilt wohl Letzteres. Denn was macht es, ob Ruth den aufrechten Gang Ende Februar ernsthaft zu üben beginnt oder Mitte März? Ob sie nach dem ersten Anlauf eine Nacht vergehen lässt bis zum zweiten oder zehn Nächte? Ich habe mir vorgenommen, mich noch lange an diese Episode erinnern zu wollen. Und in Zukunft sozusagen routinemäßig meine Erwartungen an Ruth zu überprüfen, ehe ich Ruth auf den Prüfstand stelle. Denn ich ahne jetzt, wie leicht aus Hoffnungen Erwartungen werden, aus Wünschen und Träumen Anforderungen und Mindeststandards.
Aber es gibt noch einen anderen Aspekt bei dieser Show, die Ruth da vor zwei Wochen unvermittelt vollführt hat: Der Gehversuch fand gleich im Anschluss an ein

Wochenende statt, das wir bei meiner Schwester und meinem Schwager – und vor allem: ihren Kindern – verbracht hatten. Das ist uns schon des Öfteren aufgefallen: Deutlich erkennbare Entwicklungsschübe vollziehen sich bei Ruth vor allem nach ausführlichen Begegnungen mit anderen Kindern. (...)
Gestern morgen ging ich mit Ruth vor die Tür. Eigentlich nur zu dem Zweck, sie kurz an die frische Luft kommen zu lassen, sie ein bisschen müde laufen (na ja, eher: stolpern) zu lassen für einen nicht gar zu knappen Mittagsschlaf. Viel Zeit war nicht, eine halbe, vielleicht eine dreiviertel Stunde; dann würde das Mittagessen auf den Herd müssen.
Wie nutzt Ruth den Ausflug? Sie bückt sich nach jedem Blatt vor ihren Füßen (Blätter faszinieren sie schon länger), aber auch nach sämtlichen anderen Gegenständen, die da so herumliegen: Dreckklumpen, Reste von Eisstielen und von Luftballons; dann entdeckt sie ein merkwürdiges Plastikstück mit sechs Stiften an der Unterseite (weiß selbst nicht, was das sein könnte). Erstaunlich, was alles auf der Straße liegt: Kippen natürlich, Steinchen, Verpackungsreste oder Scherben (die mir, weil Ruth sich an ihnen verletzen könnte, jetzt alles andere als gleichgültig sind), Kunststoffteilchen, Hundekot, Papierschnipsel, Dosenverschlüsse ... Dann aber auch die Vorgärten in der Nachbarschaft: Da sehe ich plötzlich Tierfiguren, Zwerge, Ziergirlanden, ein Windspiel – hatte ich bis dahin nie registriert. Ruth zieht mich gegenüber in einen Hauseingang – und ich stoße auf einen Pfad zur Wiese neben der Parallelstraße, rechts davon ist ein Fahrradständer, hinterm Zaun knurrt ein schwarzer Hund, den ich noch nie gesehen, aber wahrscheinlich bereits des Öfteren gehört habe; links ein Garten mit zwei frei laufenden Kaninchen, mir ebenfalls bisher völlig unbekannt.
Meine Güte: Mit Ruth eine halbe Stunde vor der Tür – und ich nehme mehr von der Nachbarschaft wahr als in den drei Jahren, da wir hier wohnen. Ein Kind sperrt halt ständig alle Sinne auf; unsereiner läuft mit Scheuklappen durch die Pampa, hört, sieht und schmeckt vor allem (oder auch: nur) das, was er möchte. Ursprüngliche Neugier, Entdeckerfreude, Offenheit – das alles hat er bis auf Restbestände verlernt, vergessen. Hält er möglicherweise auch für überflüssig in seinem reifen Alter. Welch ein Blödsinn. (Büker 2002, S. 21–24)

musst jetzt zur Arbeit gehen!" Sören: „Aber ich weiß nicht, wo ich arbeiten soll. Ich will auch einkaufen gehen." Marta: „Nein, wir müssen für dich Arbeit finden. Du kannst doch so wie mein Vater in der Schule arbeiten, ne?" Sören: „Nein, nein! Ich arbeite bei der Feuerwehr und lösche Feuer in den Häusern." Lina: „Okay, das kannst du machen. Du kannst uns beschützen, wenn Feuer kommt." Sören: „Ja, genau, das mache ich." Sören wirkt sehr zufrieden, er strahlt über das ganze Gesicht. Marta und Lina gehen einkaufen und Sören geht zur Arbeit. (Das Spiel geht noch etwa 15 Minuten weiter.) (Hartmann 2002, S. 10, 11)

Ko-Konstruktionen von Kindern

Die drei Kinder im Beispiel 8 haben einiges beobachtet und für sich zu Wirklichkeiten zusammengefasst: Babys weinen ganz doll und wollen nicht einschlafen. Mütter schaffen es, ihre weinenden Babys zu beruhigen, weil sie Mütter sind. Ohne Vater kann es keine Familie geben. Babys brauchen viele Sachen, man muss einkaufen gehen. Familien gehen am Wochenende zusammen auf den Dom (Kirmes). Väter müssen Arbeit haben. Feuermänner beschützen.

Soweit liest sich die Beobachtung wie eine Wiederholung und Zusammensetzung verschiedener Realitätssequenzen, wie sie auch Erwachsene kennen und wahrnehmen können. Und man staunt, was Kinder alles beobachten und wichtig nehmen, in ihrer Erinnerung speichern und im Spiel wieder mobilisieren. Aber es gibt darüber hinaus – vermischt mit dieser fast fotografisch repräsentierten Realität – auch eine andere Spielwirklichkeit, nämlich die Regie, die Geschichte der Kinder. Zufällig kommt Sören herein und wird sofort integriert, und zwar so, dass Lina sogar ihre Rolle ändert. Eben noch Mutter wird sie jetzt Tochter ihrer Mitmutter und des neuen Vaters. Marta kann sich sofort auf diese Idee einlassen, sie kennt solche Sprünge, die aus situationsbezogenen Ideen entstehen, denn sie kommen in so gut wie jedem Spiel vor, und Kinder verstehen deshalb untereinander, warum etwas anders werden kann. Es gibt offensichtlich unausgesprochene Codes zwischen den Kindern, die es ihnen ermöglichen, als Gleichgesinnte flexibel auf neue Situationen zu reagieren, sofort mit eigenen Ideen auf „den Zug aufzuspringen" und auszuprobieren, was das Neue hergibt. Sören weiß nicht, was er als Vater arbeiten soll, will lieber mit einkaufen. Deshalb wird er nicht ausgeschlossen, sondern für ihn soll Arbeit gesucht werden: dahinter steckt die Vorstellung, Väter brauchen Arbeit, aber auch die Idee, dass für Sören etwas gefunden werden muss, das er als Arbeitsidee annimmt, damit das Spiel vorangehen kann. Martas Idee will Sören zwar nicht folgen, aber sie hilft ihm offenbar, seinen eigenen Wunsch auszusprechen, nämlich als Feuerwehrmann zu arbeiten. Marta und Lina können damit sofort ihre Geschichte weiter entwickeln, ihre Familie hat jetzt einen Beschützer.

Es werden in diesem Spiel also mindestens drei Ebenen verknüpft: die Beobachtungen aus der Erwachsenenwelt (Mütter, Babys, Familien, Väter, Arbeit ...), die Beobachtungen füreinander (was ist unsere Geschichte, was wollen wir gemeinsam tun, was ist uns wichtig ...) und die Beobachtung der eigenen Wünsche (ich möchte lieber Kind sein, ich möchte Feuerwehrmann sein, ich kann mein Kind allein beruhigen ...). Im Spiel der Kinder werden Konzepte zwischen Beobachtungen der Realität, Bedeutungen und Vorstellungen erprobt, neu gefunden und wieder erprobt. Ohne Beobachtungen der Kinder wären ihre Konzepte nicht möglich. Sie entstehen nicht aus dem Leeren, sondern aus Aufmerksamkeit, aus Beziehungen und Empfindungen, aus Bedeutungskonstruktionen.

In Selbstbildungsprozessen haben Gleichaltrige füreinander sehr wichtige Funktionen: *„Für Kinder ist es in Interaktionen mit gleichaltrigen Partnern leichter, so genannte ‚geteilte Bedeutungen' herzustellen und damit gemeinsam Wissen zu konstruieren, weil diese Interaktionen auf einer Symmetrie der Handlungen beruhen. Im Unterschied zu ihren Beziehungen zu Erwachsenen zeichnen sich die zu anderen Kindern dadurch aus, dass sie symmetrisch verteilt sind. Das heißt, die Kinder interagieren miteinander auf gleicher Ebene und auf einem ungefähr vergleichbaren Kompetenzniveau und haben dadurch die Möglichkeit, gleichberechtigte Beziehungen kennen zu lernen und sich in der Kooperation mit einem anderen zu üben. Wir sprechen von Ko – Konstruktion zwischen Kindern, die gemeinsam ihre Erfahrungen mit sich und der Welt verarbeiten und zugleich ihre zunächst subjektiven Konstruktionen von Bedeutung miteinander abstimmen können. Dadurch werden die subjektiven Konstruktionen der Kinder mitteilbar und können im Austausch mit anderen Kindern weiterentwickelt werden."* (Laewen 2002, S. 63)

Das ist wichtig zu wissen. Erwachsene haben es, wenn sie beobachten, nicht nur mit dem Erkennen und Verstehen verschiedener Muster verarbeiteter Realität in den Handlungen und Äußerungen von Kindern zu tun, auch nicht nur mit den sehr unterschiedlichen Konstruktions- und Fantasieleistungen einzelner Kinder, sondern auch und besonders mit jenen Ko-Konstruktionen zwischen den Kindern.

Beobachtungen sind deshalb Herausforderungen und Zumutungen: Herausforderungen an die Haltung von Erziehern, nämlich ihre Zuwendungen in Beobachtungen Kindern gegenüber ausdrücken; aber auch Zumutungen an die Anstrengungen und an die Kooperationsbereitschaft, die sie in ihre Verstehensarbeit einzubringen bereit sind.

Teil II: Durchführung von Beobachtungen

1. Beobachtungsbedingungen

Zeit für Beobachtungen

Beobachten kann man Kinder und sich selbst in verschiedenen Situationen und auf unterschiedliche Art – allerdings auf eine Art nicht: flüchtig und nebenbei. Beobachten ist eine respektvolle und aufmerksame Zuwendung, die Zeit und Absicht voraussetzt. In jeder Einrichtung sollten deshalb Beobachtungszeiten zum Alltag und zum Qualitätsstandard gehören, im Tages- und Wochenablauf verankert sein und durch nichts verdrängt werden dürfen. Zu jedem Beruf gehört die Pflege des Könnens und der Werkzeuge, die aufmerksame Überprüfung der Bedingungen, in denen sich Qualität entwickeln soll und kann. Das erfordert Zeit, Konzentration, den Willen und die Neugier auf das, was untersucht und beobachtet werden soll. Unsere Augen sind viel zu sehr mit der Fülle und dem schnellen Wechsel von Bildern konfrontiert, die Nerven oft angespannt, die Arbeitsbedingungen alles andere als optimal, als dass wir darauf vertrauen könnten, dass unsere Augen nur durch Hinsehen Abläufe und ihre Bedeutungen erfassen könnten. Der schnelle Blick taugt nicht als Instrument des Verstehens.

Jede Erzieherin sollte feste Beobachtungszeiten zur Verfügung haben und unbedingt nutzen, in denen sie von anderen Aufgaben freigestellt wird. Das können 15 Minuten pro Tag, 30 Minuten pro Woche oder andere feste Zeiteinheiten sein, je nach Möglichkeiten in den Einrichtungen. Aber es müssen verpflichtende Zeiten und Tätigkeiten sein, auf die Erzieherinnen einen Anspruch haben. Immer wieder höre ich die Argumente, die Zeit dafür sei nicht da, es ließe sich nicht einrichten. Was bedeuten solche Argumente in Wirklichkeit? Dass man keine Zeit dafür einrichten kann, Kinder richtig kennen zu lernen? Dass man solche Zeiten nicht brauche, weil man die Kinder doch ständig vor Augen habe und mehr als genug sehe? Dass sich 15 Minuten nicht lohnen, etwas wirklich zu erfahren, und man sich diesen Aufwand dann auch sparen könne? Dass man ständig gedrängt werde, andere Dinge zu tun, und Beobachtungen dann auf der Strecke blieben? Dass das alles zu anstrengend und zu aufgesetzt sei?

Ich habe darauf nur drei Antworten aus jahrzehntelangen Beobachtungserfahrungen in Kitas. Erstens: Es ist machbar, wenn man es wirklich will. Dazu muss man allerdings überzeugt sein von der Wichtigkeit der Beobachtungen, muss ihre Bedeutung erlebt haben. Zweitens: Es gibt keinen Ersatz für Beobachtungen. Sie sind das wichtigste Forschungsinstrument von Erzieherinnen. Drittens: Probieren Sie ein halbes Jahr lang konsequent regelmäßige Beobachtungen aus und prüfen Sie dann, ob Sie etwas Sinnloses getan haben, oder ob Sie ein Handwerkszeug entwickelt haben, auf das Sie nie wieder verzichten können.

Beobachtung von Kleinereignissen

Was können Anlässe für Beobachtungen sein? Was sollte beobachtet werden?

Ich wende mich gegen das routinemäßige Abarbeiten vorgegebener Fragen. Wenn Beobachtungen im eigentlichen Sinne ein Bemühen sind, sich Kindern zu nähern und sich in diesem Prozess Verstehen zu erarbeiten, so kann dies nicht über die Erledigung einer Liste erfolgen, sondern nur über das Interesse am Kind und über die Bereitschaft, bei den Beobachtungen dessen Rhythmus und Tun zu folgen. Ein solches Interesse kann aus der besonderen Situation eines Kindes entstehen, kann sich an Handlungsereignissen festmachen, aus Unsicherheiten oder Nöten der Erzieherin wachsen, aus ihrer Neugier oder auch aus Anfragen der Eltern.

Da wir generell noch viel zu wenig über Kinder wissen, aus dem Verhalten eines Kindes auch nicht auf gleiche Muster bei allen anderen Kindern schließen können, ergeben sich vielfältige Anlässe für Beobachtungen, die nicht als Regelwerk festgelegt werden können. Diese Anlässe beziehen sich nicht nur auf einzelne Kinder, sondern auch auf Gruppen von Kindern (Freundschaften und Ausgrenzungsverhalten, Jungen und Mädchen, ältere und jüngere Kinder usw.), auf Entwicklungsaspekte ebenso wie auf ein konkretes Verhalten in einer Situation. Eine Systematik ergibt sich nur durch die zeitliche Regelmäßigkeit; auf Inhalte bezogen kann sie einengen und wichtige Aspekte vernachlässigen, die zum Kind gehören, aber nicht ins Blickfeld geraten, weil sie dem schematisch vorgegebenen Thema der Beobachtung nicht zugeordnet werden.

Es wird auch nie gelingen, Aspekte vollständig zu beobachten. Es ist in Beobachtungen angelegt, dass man damit nie fertig wird, weil auch die Menschen, die man beobachtet, nie fertig werden. Aber das ist nicht unbedingt ein Mangel. Kindern intensiv zugesehen zu haben, wie sie miteinander ein Spiel entwickeln, öffnet Verstehensmöglichkeiten darüber, wie ein solches Spiel strukturiert wird, wie diese Kinder kommunizieren, ihre Ideen miteinander und im Wechsel gegenseitiger Bezugnahme entwickeln, was ihre Hypothesen sind und wie sie nach Lösungen für ihre Fragen suchen. Man lernt die beteiligten Kinder staunend in ihren Anteilen an dem Prozess neu kennen.

Eine solche Beobachtung erlaubt allerdings nicht die Schlussfolgerung, nun wisse man über Kinder und ihre Spiele Bescheid, denn die Muster ändern sich mit den Kindern und Situationen. Aber solche konkreten und sorgfältigen Situationsbeobachtungen schärfen den Blick für Unauffälliges, für das auf den ersten schnellen Blick nicht Sichtbare, für „Kleinigkeiten" und ihre Bedeutung, für Prozesse und die aktive Beteiligung der Kinder darin. Die Erzieherin erhält so eine anschauliche Vorstellung von der Regie- und Bewertungsarbeit, die Kinder leisten, für ihre Art zu lernen, zu gestalten, Fantasie zu entwickeln und einzusetzen, Probleme zu lösen. Ihr Verhältnis zu dem, was Kinder tun, verändert sich; ihre Augen werden aufmerksamer und registrieren auch andere Situationen mehr aus der Perspektive der Kinder denn aus ihrer eigenen. Aus der Anzahl vieler Beobachtungen kann sie sich Wissen erschließen, Anschauungen in Begriff und Hypothesen formulieren und damit zusammenfassen, was ihr deutlich geworden ist. Es schälen sich Erkenntnisse heraus, ein aus dem Beobachten entwickeltes vorsichtiges Verstehen, das den Konstruktionen und Mustern bei der Wirklichkeitsverarbeitung der Kinder gerechter werden kann. Entscheidend ist, die erkannten Muster nicht als Messlatte zum Vergleich zwischen Kindern zu gebrauchen (das muss ein Kind in diesem oder jenem Alter können ...), sondern jedes Kind an sich selbst zu messen, den Kindern also das Recht zuzugestehen, ihren eigenen Weg zu gehen und diesen auch auf ihre Weise.

Räume und Ausstattung als Teil von Beobachtungen

Neben den verschiedensten Anlässen, Kinder oder Kindergruppen zu beobachten, gibt es aber auch vielerlei Gründe, Räume und Materialien in die Beobachtung einzubeziehen.

Räume in Kitas werden mit bestimmten Absichten ausgestattet und aufgeteilt. Man geht davon aus, dass diese Arrangements der Entwicklung, Bildung und Erziehung Kindern förderlich sein werden. Räume und Materialien beinhalten also Annahmen über Nutzungsmöglichkeiten und über Nutzungswirkungen. Nun ist es tatsächlich so, dass Räume Orientierungen und Strukturierungen schaffen, dass sie atmosphärisch wirken, dass sie Ästhetik und Kultur abbilden und darauf einwirken, wie Bewohner ihre eigene Kultur (er-)finden und ausdrücken können. Räume bilden in unterschiedlicher Weise Realität und Fantasie ab und wirken in komplexer Weise ein auf Identitätswahrnehmungen, auf Handlungsimpulse und auf die Gestaltung von Beziehungen. Diese Wirkungen treffen allerdings nicht vorhersagbar und automatisch im Sinne der intendierten Absichten ein. Kinder sind auch in der Raumnutzung Subjekte, die mit gegebenen Bedingungen sehr unterschiedlich umgehen. Dies kann man nur durch Beobachtungen erkennen.

Ich habe viele Beispiele erlebt, wie Konflikte, Langeweile, Regelverletzungen nicht mit Unerfahrenheit, scheinbarer Inkompetenz oder vermeintlichen defizitären Entwicklungen von Kindern zu erklären waren, sondern mit ungeeigneten Raumbedingungen und Materialausstattungen. Das Nebeneinander von bewegungsintensiven und ruhigen Raumzonen, mangelnde Gestaltungs- und Erfindungsmöglichkeiten im Materialangebot, schlecht belüftete, belichtete und schallisolierte Räume, eine bunte Üppigkeit der Farben, enge Zeiteinteilungen, Regeln aus Erwachsenensicht sind einige solcher Beispiele, die sich als Behinderung auf das Miteinander und das Wohlgefühl der Kinder auswirken. Solche Probleme kann man entdecken, wenn man die Kinder unter Einbeziehung von Material und Raum beobachtet.

Beispiel 9: Sandkiste

In einer Kita beobachteten die Erzieherinnen, wie Kinder in der Sandkiste Sand vorwiegend dazu benutzten, um sich gegenseitig damit zu bewerfen, ihn „in der Gegend herum zu streuen"; auch die Plastikförmchen und kleinen Schaufeln wurden mehr als Waffe denn zum Spielen im Sand benutzt. Den Erzieherinnen missfiel, was sie da immer wieder sahen; ihnen schien zunächst als Begründung nahe liegend, dass die „konsumverwöhnten" Kinder mit elementaren Herausforderungen wie Sand nichts mehr anzufangen wüssten, dass das viele Fernsehen ihre Spielideen verderben würde, dass sie zu sehr an „fertige Kost" gewöhnt seien, als im Spiel eigene Ideen zu entwickeln. Schließlich wurden genaue Beobachtungen gemacht und darauf konzentriert, welche Herausforderungen eine Sandkiste, Plastikschäufelchen und Plastikeimerchen denn eigentlich für 3- bis 5-jährige Kinder bedeuten. Der Sand stand immer nur in der Konsistenz zur Verfügung, wie es die Wetterlage erlaubte, also entweder sehr nass oder sehr trocken. Einen Einfluss darauf hatten die Kinder nicht. Die Sandkiste war klein, erlaubte keine raumgreifenden Tätigkeiten, ohne dass der Sand jenseits der Umrandungen landete. Der Sand war auch nicht sehr tief; nach wenigen Spatenstichen waren die Kinder auf dem Grund. Die Schaufeln waren leicht und klein, keine Herausforderung für Kinder, die ihre Muskeln betätigen und richtig arbeiten wollten. Die Förmchen waren langweilig, das ständige Füllen und Umstülpen („Kuchen backen") war schnell ausgereizt. Eine Herausforderung war der Sand deshalb nur noch als Wurfgeschoss, weil dabei viel passierte. Diesen Ausweg der Kinder konnten die Erzieherinnen nach ihren

Beobachtungen besser verstehen, ja sogar würdigen, denn im Grunde hatten die Kinder sich nicht der Langeweile überlassen, sondern eine spannende Alternative für sich gefunden.

Es wurden dann Waschbretter, verschiedenste Behälter aus unterschiedlichen Materialien, Schläuche, Knierohre, Latten, Trichter, Nudelhölzer und größere Schaufeln angeschafft (wo immer möglich, mit den Kindern zusammen), aber auch für eine Wasserzuführung zum Sandkasten gesorgt, der Sand aufgefüllt, der Sandkasten an einer Seite geöffnet und somit deutlich als Experimentierfläche ausgedehnt.

Die nachfolgenden Beobachtungen bestätigten die Richtigkeit dieser Veränderungen, denn sie wurden zu Herausforderungen des Weltbegreifens. *„Kinder verfügen über ein schier unerschöpfliches Entwicklungsbedürfnis und ergreifen neugierig jede Gelegenheit, sich im freien Experiment Kenntnisse darüber zu verschaffen, was bereits begreifbar ist und wo zusätzliche Fertigkeiten zu erwerben sind. (…) Aus Sicht der Kinder handelt es sich bei ihren experimentellen Materialaktionen tatsächlich um ein erstmaliges und sensationelles Entdecken von komplizierten Naturgesetzen. Kinder spielen nicht Erfinder, sie sind Erfinder und Eroberer des bis dahin Unbekannten!“* (Lange, Stadelmann 1996, S. 23)

Es ist also wichtig, nicht nur Kinder, sondern Kinder in Räumen, im Umgang mit Räumen und im Umgang mit Material zu beobachten, also Räume und Material auch als Beobachtungsanlass zu wählen, um verstehen zu können und schnelle und voreilige Urteile zu überwinden.

So war in diesem Beispiel zwar zunächst ein als defizitär interpretiertes Verhalten der Kinder Anlass für die ersten Beobachtungen (die Kinder spielten nicht so, wie die Erzieherinnen es erwarteten); aber Absicht der nachfolgenden Beobachtungen war es dann nicht, diese Sicht auf das Defizitäre der Kinder zu bestätigen und dafür weitere Beweise zu sammeln, sondern zu erforschen, was tatsächlich defizitär war, mit anderen Worten: darauf zu schauen, was Kinder dazu bringen konnte, sich so zu verhalten.

Beobachtungen sind in diesem Zusammenhang ein sehr nützliches Forschungsinstrument, das viele Problemlösungen ermöglicht, weil erst durch genaue und wiederholte Beobachtungen das Problem erkannt werden konnte. Und nur, wenn ein Problem in seinen Wechselwirkungen erkannt ist, kann man es lösen; es reicht nicht, ihm nur einen Namen zu geben.

Kollegiale Beobachtungen

Wichtige Beobachtungsanlässe sind aber auch die Erzieherinnen selbst, ihr professionelles Tun. Beobachtungen innerhalb des Teams werden oft dann durchgeführt, wenn Praktikanten im Haus sind und von ihrer Ausbildungsstätte die Aufgaben mitbringen, ihre Anleiterin bei bestimmten Aktivitäten zu beobachten oder sich selbst im Umgang mit Kindern beobachten zu lassen. Die Absicht dabei ist, Lernen zu ermöglichen: Lernen als Aufnahme von Ideen, als Erfassen von Tun und Reaktion, als Reflexion eigener Arbeitsschritte, Absichten, Gefühle, Grenzen und Fantasien. Diese Chancen des Lernens durch Beobachtungen sollten nicht auf Praktikanten beschränkt werden. Jedes MitarbeiterInnenteam sollte sich regelmäßig solche kollegialen Beobachtungen gönnen; und zwar nicht verordnet, sondern sich gegenseitig ermutigend und einladend; um die assistierende Beobachtung einer Kollegin bitten, ihren anderen Blick und ihre Beobachtungen als Anlass suchen, um sich wieder „aufzufrischen", das eigene Tun zu erkennen, zu reflektieren und anderen zugänglich zu machen. Wie wenig müssen wir von unserem eigenen Tun überzeugt sein, wenn wir es nicht freudig und bereitwillig anderen zur Beobachtung anbieten, damit wir alle daraus lernen können. Nur so kann sich ein Team entwickeln, kann es durch Lernen voneinander lebendig bleiben! Und – das sie hier besonders erwähnt – dazu gehören auch heitere, fantasievolle und ermunternde Lernanlässe und Inhalte!

Wir würden damit tun, was Kinder uns ständig vormachen: sie sind interessiert aneinander und zeigen das, indem sie sich ständig beobachten. Was sie sehen, hören, fühlen, dazu verhalten sie sich. Sie nehmen es auf, bauen gute Ideen von anderen ins Spiel ein, sie wehren ab, was ihnen nicht gefällt; ist ihnen aber die Person wichtig, finden sie in der abgewehrten Sache auch neue Perspektiven, damit die Person integriert bleibt. Der beste Anlass für Beobachtungen bleibt der, herausfinden und verstehen zu wollen, wie Kinder lernen und ihr Lernen bilden; und dabei erleben zu können, dass das auch das Lernen des Beobachters beeinflusst.

2. Beobachtungsformen

Schriftliche Kurzbeobachtungen

Beobachtungen sollten festgehalten werden. Absicht und Anlass bestimmen die Form, nicht Regeln oder Routine. Die wichtigste Absicht von Beobachtungen ist es, Kinder besser kennen zu lernen. Um aus dem Sehen ein Verstehen entwickeln zu können, muss dem Sehen das Denken folgen – und aus ihm neues Sehen. Ich kann aber nur über etwas nachdenken, wenn ich es verfügbar habe. Verfügbarkeit ermöglicht außerdem das gemeinsame Denken mit anderen zusammen. Deshalb müssen Beobachtungen festgehalten werden, schriftlich oder in Ton und Bild. Bei allen Beobachtungsformen ist die Haltung der Beobachtenden wichtig; sie müssen sich entscheiden: wollen sie Theorien an Kinder anlegen und aus diesem Vergleich ableiten, was ein Kind richtig oder falsch, altersangemessen oder entwicklungsverzögert leistet; oder wollen sie Theorien, also Verstehen, Erkenntnisse, Hypothesen und Vermutungen über Kinder aus Beobachtungen ableiten, aus den Lebensäußerungen von Kindern gewinnen, Kindern also ein Mitspracherecht einräumen bei dem, was über sie gedacht wird? Die Entscheidung über den einen oder über den anderen Weg wird wesentlich beeinflussen, wonach bei Beobachtungen gesucht wird, was bemerkt und schließlich aufgeschrieben wird.

Verschiedene Arten von Tagebüchern sind eine nützliche und auch eine gut durchführbare Beobachtungsform. In solchen Tagebüchern kann man zum Beispiel Sammlungen anlegen über situative Beobachtungen. Solche Sammlungen dienen dann den Kindern und unserem Verstehen, wenn sie nicht Beweise für vorweg bestimmte Verhaltensmuster zusammentragen, sondern wenn sie alle Vielfalt und Verschiedenartigkeit zulassen, um dann vielleicht im Zusammengetragenen Muster zu entdecken, vorläufige und mögliche Erklärungen über den Umgang von Kindern mit der Welt; wenn sich also mit den Sammlungen allmählich ein Zugang zu den Bildungs- und Aneignungstätigkeiten der Kinder „auftut".

Beispiele aus einem meiner eigenen Tagebücher sollen zeigen, was ich damit meine:

Beispiel 10: Tagebuchnotizen

Tanja kneift ein Kind. Sie wird auf die Gruppenregel angesprochen, nach der Kneifen nicht erlaubt ist. Tanjas Antwort: „Ich habe ja nicht geregelt."

Drei Kinder haben sich zusammengetan. Sie nennen sich „Bande“. Häufig bedrängen sie in dieser Gruppierung Lutz und Tobias, vor allem beim Spiel im Außengelände. Tobias und Lutz wollen nach draußen, treffen sich deshalb in der Garderobe. Lutz: „Ich möchte jetzt am liebsten, dass die alle im Krankenhaus sind, dass wir kein Ärger mehr haben.“ Tobias schlägt vor, sich zu verkleiden, damit sie draußen nicht erkannt werden. Sie setzen Hute und Brillen auf, ziehen weite Pullover an und tauschen die Schuhe.

Lars hat Ton in der Hand und zeigt ihn seinem Freund. „Guck mal, ich hab Ton!“ „Woher?“ „Vom Praktikanten.“ Sein Freund wendet sich an die Erzieherin der Gruppe und sagt: „Guck mal, was der hat!“

Zwei Kinder holen sich heimlich Bonbons aus dem Schrank. Die Erzieherin sieht das und spricht Oliver an: „Ich finde das nicht richtig, dass ihr die einfach klaut. Dann bleiben ja für die anderen Kinder keine Bonbons mehr übrig.“ Oliver antwortet: „Die können ja auch welche klauen.“

Nina hat zwei Tassen und Teller in der Hand; sie will den Tisch decken. Dirk sagt zu ihr: „Los, Nina, schmeiß mal die Tasse runter, oder ich mach deine Brille kaputt.“

Wolf und Erik spielen in dem Haus, das Dirk gestern gebaut hat. Dirk sagt, das sei sein Haus. In einem längeren Gespräch, an dem sich auch die Erzieherin beteiligt, entscheidet Dirk, dass die beiden in seinem Haus unter der Bedingung spielen dürfen, dass er als Hausbesitzer jederzeit zu Besuch kommen kann.

Arne hämmert auf einer Spardose herum, die sich ein anderes Kind Tags zuvor gebastelt hat. Die Erzieherin spricht Arne daraufhin an, dass er wohl mit dem Eigentümer darüber verhandeln müsse, was er für die verdorbene Spardose haben wolle. Arne will dann lieber die Beulen wieder heraushämmern.

Gernot dreht an einem mechanischen Wecker alle Knöpfe, probiert aus, was passiert. Die Erzieherin kommt dazu und weist ihn darauf hin, dass er die Uhrzeit verstellt hat. Sie stellt die Uhr wieder richtig und bittet Gernot, nicht mehr an den Knöpfen zu drehen. Sie kann ihn dann für eine andere Tätigkeit gewinnen. Als sie sich von ihm abwendet, nimmt er den Wecker, setzt sich unter einen Tisch und beginnt seine Untersuchungsarbeit von neuem.

Sven bittet Britta, das gebaute Boot zu verlassen. Sie geht nicht. Sven geht zur Erzieherin. Diese schlägt ihm vor, das Boot mit Britta gemeinsam zu benutzen. Sven will das nicht. Britta haut Sven. Er sagt daraufhin zu ihr: „Britta, das tut man nicht." Britta zieht sich weinend auf einen Stuhl zurück.

Wiebke hat sich einige ihrer Haare abgeschnitten. Lutz sagt zu ihr: „Das darfst du nicht, das darf nur der Friseur." Martina schaltet sich ein: „Wenn du das noch einmal machst, dann kommst du ins Gefängnis."

Wohlgemerkt: Diese Beobachtungen von einzelnen Situationen mit 4- bis 5-jährigen Kindern sind Kurznotizen von Beobachtungen, die nicht gezielt zu einem Thema durchgeführt wurden. Sie befinden sich verstreut zwischen vielen anderen Beobachtungen im Tagebuch. Erst beim nachträglichen Durchlesen hat sich diese Summierung zu einem Thema ergeben. Jedes einzelne Beispiel, sei es auch noch so knapp, öffnet große und wichtige Themen: Konflikte, Gefühle, Besitz, Freundschaft, Rechte, Regeln, Anerkennung, Durchsetzung, Ausgrenzung, Gerechtigkeit ... Jedes kleine Beispiel eignet sich dazu, dass sich Erwachsene damit befassen. Wer könnte schon mit Sicherheit sagen, wie er sich in jedem einzelnen Fall verhalten hätte, was falsch und richtig gewesen wäre und warum? Die Sammlung aller Beispiele macht noch mehr deutlich: nämlich die Vielfalt, mit der Kinder Konfliktsituationen bewältigen, das Repertoire, das sie ausprobieren, das, was sie für sich beanspruchen, wie sie sich durchsetzen oder zurückziehen.

Die Beispiele sind auch aufschlussreich im Hinblick auf das Erwachsenenverhalten: Einmischen, Kontrolle, Hilfe, Unterstützung, Behinderung der Kinder. Die Sammlung zeigt auch etwas über mich. Dass ich nämlich offensichtlich gerade an der Beobachtung solcher Situationen sehr interessiert war, meine Wahrnehmung dieser (unbewussten) Themenwahl sehr wach und zugänglich war, denn sonst wären mir diese Situationen nicht aufgefallen und nicht in meinem Tagebuch gelandet. So zeigen mir die Beobachtungen etwas über mich, verweisen auf meine Interessen, auf meine Fragen an das Leben und an das gute Zurechtkommen damit.

Selbstverständlich kann man in einem solchen Tagebuch auch von Anfang an gezielt zu einem eingegrenzten Aspekt Beobachtungen sammeln.

Neben den hier vorgestellten Beobachtungstagebüchern gibt es natürlich die Möglichkeiten von einzelnen Situationsbeobachtungen, wie sie im ersten Teil schon zahlreich vorgestellt wurden. In ihnen wird eine ganze Situation in ihrem Ablauf mitgeschrieben, möglichst mit Zeitangabe und den Bedingungen, in denen sie geschieht. Da es auch in den folgenden Abschnitten weitere Beispiele dazu geben wird, soll an dieser Stelle der Hinweis genügen.

Alle bisher vorgestellten Beobachtungsformen haben ihren Sinn in unterschiedlichen Absichten, entwickeln sich als spezifisches Instrument für unterschiedliche Verstehensinteressen.

Beobachtungsfragebögen stelle ich, obwohl sie in der Praxis weit verbreitet sind, nicht vor. Sie beengen durch ihre Rasterung, sie ökonomisieren die Mühen, die Beobachtungen nun einmal bedeuten, wenn sie zu Verstehen und zu guten Beziehungen mit Kindern führen sollen. Fast alle Beobachtungsbögen sind eigentlich Dokumentationsbögen; als solche erfassen sie Beurteilungen, Zusammenfassungen und Einschätzungen, die sich aus verschiedenen, nicht immer schriftlich gemachten, Beobachtungen ergeben haben. Sie gehören also mehr in den Bereich der Schlussfolgerungen aus Beobachtungen. Beobachtungen selbst müssen im freien Schreibfluss entstehen, möglichst in der Situation selbst oder zumindest sehr zeitnah zu ihr. Denn das, was man in Erinnerung an eine Situation aufschreibt, ist nicht das gleiche wie das, was man während einer Situation mitschreibt. Kinder aber sind es wert, so authentisch wie möglich wahrgenommen und verstanden zu werden.

Beobachter schreiben über sich

Eine andere Form der Tagebuchaufzeichnungen bezieht sich auf die Erwachsenen selbst. Hier kann und sollte man Eindrücke und Gefühle notieren: *„Ich freue mich über etwas, oder etwas macht mich traurig, wundert mich, beunruhigt, ärgert, entmutigt mich … Mit welchen Schwierigkeiten wurdest du konfrontiert, was für unerwartete Vorfälle gab es, was für Fehler hast du gemacht, wie hast du sie korrigiert, was für Niederlagen hast du erlitten und was für Erfolge konntest du feiern? Jeden Mißerfolg solltest du bewußt als eine Lehre betrachten, und für andere sollte er hilfreich sein."* (Korczak 1919, in: Langhanky 1993, S. 116)

Solche, auf die eigene Person bezogenen Tagebuchnotizen kann man mit ganz einfachen Fragen beginnen: Was hat mich heute geärgert? Worüber habe ich mich heute gefreut? Man wird im Laufe der Zeit entdecken, wo die eigenen Empfindlichkeiten liegen und sich bewusster an die Aufarbeitung machen können. Man wird auch erkennen, wie man für sich selbst Erfolg definiert und durch welche Ereignisse sich dieser Erfolg einstellt, welche Funktion man selbst dabei hat. Und man wird nachzudenken beginnen, warum man auf bestimmte Verhaltensweisen von Kindern oder Kolleginnen so oder so reagiert. Und Nachdenken ist grundsätzlich eine gute Voraussetzung für Veränderungen.

Eine weitere lehrreiche Möglichkeit, das Erwachsenenverhalten bewusster wahrzunehmen, ist die Beobachtung von Situationen, in denen Kinder und Erwachsene handeln. Markiert man anschließend in den Aufzeichnungen das Verhalten des Erwachsenen, so ergibt sich über mehrere Beobachtungen hin ein Einblick in das Repertoire, das Erzieherinnen im Umgang mit Kindern in verschiedenen Situationen nutzen. Professionelles Verhalten lässt sich so am Beispiel diskutieren, verliert den Charakter des Postulates, das aus Lehrbüchern übernommen wird.

Beispiel 11: Erzieherverhalten

Beispiele aus einem meiner eigenen Tagebücher können das veranschaulichen:
(1) André tuscht. *Die Erzieherin zeigt ihm, wie man den Pinsel halten und führen muss.* Er versucht, es entsprechend nachzumachen. Im selben Raum haben Benjamin und Dirk einen Streit. Sie ringen miteinander. *Die Erzieherin fragt sie, ob sie eine Matte für ihre Kämpfe haben möchten.* Die Kinder stimmen zu, holen sich eine Matte und ringen darauf weiter. Andere Kinder tun es ihnen nach. Rauno sagt daraufhin zur Erzieherin, ihm sei es jetzt zu laut. *Die Erzieherin sagt den ringenden Kindern, dass es Rauno zu laut sei.* Einige Kinder verhalten sich leiser, André und Thomas finden das doof und erklären, sie würden jetzt extra laut sein (...) Rauno fragt die Erzieherin, wo die Praktikantin ist, er möchte mit ihr den Bagger aus einer anderen Gruppe holen. *Die Erzieherin bietet Rauno an, dass er auch mit ihr den Bagger holen könne.* Rauno lehnt ab und besteht auf der Praktikantin.
(2) Tobias und Michael springen auf dem kleinen Trampolin in der Gruppe. Tobias ruft die Erzieherin, er will alleine auf dem Trampolin springen. *Die Erzieherin antwortet ihm, er solle jetzt Michael mal springen lassen, denn er habe schon so lange gesprungen.* Tobias verlässt das Trampolin, weint. *Die Erzieherin schlägt Tobias vor, ihm etwas vorzulesen.* Er stimmt zu und sie setzen sich auf eine Matratze. Andere Kinder kommen dazu, auch Michael verlässt das Trampolin und kommt zur Vorlesegruppe (...) Sabine und Marcus spielen Vater und Mutter. Marcus sagt, er gehe zur Arbeit, nimmt sich deshalb einen Schulranzen. Sabine bittet die Erzieherin, Marcus beim Umhängen des Ranzens zu helfen. *Die Erzieherin gibt Hilfestellung und fragt Marcus, wo er arbeitet.* Er antwortet, er sei Busfahrer. Er stellt jetzt Stühle hintereinander auf. Mehrere Kinder setzen sich „in den Bus". *Die Erzieherin gibt Marcus einen Teller als Steuerrad.* Marcus will den Teller nicht. Nicole steht abseits

und schaut dem Busspiel zu. Im Bus ist noch ein Stuhl frei. *Die Erzieherin ermuntert Nicole, sich doch auf den freien Platz zu setzen.* Marcus sagt, der letzte Platz müsse aber frei bleiben für Kohlen. Er steht dabei von seinem Fahrerplatz auf. Als er zurückkommt, ist sein Platz von Sabine besetzt. Marcus will seinen Platz wiederhaben. Sabine verteidigt den Platz mit Schlägen gegen Marcus. *Die Erzieherin ermahnt Sabine, nicht zu schlagen. Sie fragt die Kinder, um welches Problem es geht.* Es kommt heraus, dass Marcus nur aufgestanden ist, um nach den Kohlen zu sehen. Sabine verteidigt weiterhin den Platz. *Die Erzieherin fordert sie dazu auf, Marcus seinen Fahrerplatz wieder zu überlassen.* Sabine geht nicht darauf ein. *Erzieherin sagt zu Sabine: „Jetzt mag der Marcus gar nicht mehr mit dir spielen."* Marcus stimmt ihr zu. Sabine sagt zu Marcus, er solle nicht immer so schlechte Wörter sagen. Marcus holt sich nun neue Stühle und baut einen zweiten Bus. Sowohl Marcus als auch Sabine sind jetzt Busfahrer. *Die Erzieherin fragt die beiden Kinder: „Ist es jetzt ein Bus oder sind es zwei?"* Die Kinder sind unentschlossen. Tanja setzt sich in den Bus von Marcus und wird von ihm geschlagen. *Die Erzieherin fragt Marcus, ob er schon einmal gesehen hätte, dass ein Busfahrer seine Fahrgäste schlägt?* Marcus antwortet: „Ja."

Die Beobachtungen sind zum Teil etwas ungenau, fassen Geschehnisse zusammen, kürzen ab. Dennoch machen sie einige Aktion–Reaktion–Aktion–Folgen zwischen Erzieherin und Kindern sehr transparent. Sie zeigen auch sehr deutlich, wie schwierig es ist für Erwachsene, der Logik der Kinder zu folgen, wie sie in bester Absicht in die Spielregie eingreifen, weil sie nicht ahnen, mit welchen Absichten Kinder sich jeweils so oder so verhalten. Wie soll man auch ahnen, dass ein Stuhl in einem aufgestellten Bus für Kohlen reserviert ist? Nur: wenn man solche Beobachtungen regelmäßig durchführt, stellt man seine Erwartungen anders ein, man rechnet mit einer anderen Interpretation von Kindern, wird vorsichtiger damit, die eigene Einschätzung zum Maßstab des Handelns zu nehmen.

Beobachtungen mit technischen Hilfsmitteln

Eine weitere Form ist die Beobachtung mit technischen Hilfsmitteln, zum Beispiel Kassettenaufnahmen von Gesprächen zwischen Kindern oder mit Kindern, um die Originalformulierungen und den Originalton der beteiligten Kinder zu erhalten. Da Kinder anders formulieren und Sätze anders bauen als wir, neigen wir bei der Mitschrift von Gesprächen sehr dazu, die Originalsätze zu übersetzen, also im Re-

blaue und grüne Knete zusammen. Nein!" Sie richtet ihren Blick wieder auf ihre Knete. Sie hebt sie mit beiden Händen hoch und haut sie mit flachen Händen auf den Tisch. Mariam sagt zu Torben: „Kann ich mal haben" und nimmt sich einen Teil von Torbens Knete. Sie knetet und fragt: „Wer möchte eine Cola haben?" und hebt „ihre Cola" hoch in die Luft. Mariam krempelt sich die Ärmel hoch und haut mit flacher Hand auf ihre Knete. Sie nimmt die Knete in beide Hände, dann in die rechte Hand und führt die Hand zum Ohr. Sie spricht mit tiefer, undeutlicher Stimme: „Ich mache das sofort ... Ich schreibe das auf ... Okay?" Mariam knetet weiter und klatscht mit flachen Händen auf die Knete. *Sie geht mit der Knete zur Beobachterin, singt dabei in ihrer Muttersprache (persisch).* Ihre Knete fällt auf den Boden. Sie geht zurück an den Tisch und sagt zu Marko: „Nicht blau und grün zusammen. Das sollst du nicht, ja?" Marko guckt Mariam an. *Mariam guckt zur Beobachterin und lacht.* Die Erzieherin kommt an den Tisch und legt Werkzeug zum Kneten aus. Jedes Kind nimmt sich ein Werkzeug. Torben: „Marko darf nicht so viel Knete." Mariam: „Doch, das darf er." Sie wendet sich Torben zu: „Guck mal, Torben!" Sie piekst mit dem Werkzeug in die Knete. „Ein Kuchen." Nun schneidet sie die Knete. Alexander: „Ich mach Pizza." Mariam: „Ich mach auch Pizza." Alexander, kurz darauf: „Du hast eine kleine Pizza, ich hab eine große." Mariam: „Ist doch egal." Torben geht vom Maltisch weg. Mariam fragt ihn: „Torben, willst du ein Stück Pizza?" Sie macht mit einem Werkzeug ein Loch in ihre Knete, hält die Knete mit beiden Händen hoch, haut sie mit flachen Händen auf den Tisch, hält sie mit der rechten Hand in die Luft und drückt dann mit beiden Händen die Knete zusammen. Sie singt in ihrer Muttersprache. Sie formt einen Ring aus Knete und lässt sie an einem Stock hinunterrutschen. Sie sagt: „Guck mal." Dann klebt sie sich ihre Knete auf die Stirn. *„Guck mal mich an!" und wendet sich zuerst* der Beobachterin und dann einigen Kindern zu. Sie legt die Knete weg und geht in Richtung des Nebenraumes. Dafür muss sie an der Beobachterin vorbei. *Sie sagt zu ihr: „Kann ich mal durch?"* Die Beobachterin rückt ihren Stuhl zur Seite. (Janzen 1997)

Viele Situationen in diesem Beispiel sind geeignet, beobachtende Erwachsene zu beunruhigen und in Versuchung zu führen, einzugreifen. Wie gut, dass die Praktikantin dieser Versuchung widerstehen konnte. So lernen wir, wie Kinder selbst zurechtkommen, wie sie ihre unterschiedlichen Ansichten und Absichten regeln.

Es wird aber auch deutlich: Mariam ist sich der beobachtenden Anwesenheit der Praktikantin bewusst. Sie bezieht sie ein, nimmt mehrmals direkt oder indirekt Kontakt zu ihr auf. Warum sie das tut, wissen wir nicht; es ist ihr offensichtlich wichtig. Einige ihrer Äußerungen gegenüber anderen Kindern (du sollst nicht grün und blau zusammen … doch, das darf er …) muten an, als ob sie auch hier mit der Beobachterin kommuniziert, ihr etwas deutlich machen will.

Immer wieder habe ich erlebt, dass Kinder Beobachtungen sehr deutlich wahrnehmen, auf sich beziehen und sich in solchen Beobachtungsprozessen einrichten, sich und ihr Verhalten in ihnen definieren und gestalten, also Beobachtungen nicht einfach über sich ergehen lassen, sondern als Möglichkeit zum Dialog aufgreifen. Beobachtungen werden so zum Erfahrungsbestandteil von Kindern.

Beispiel 13: Dirk

Der 10-jährige Dirk, um den wir uns viele Sorgen gemacht haben, kommt zu mir, sieht auf meinem Tisch Streichhölzer liegen und nimmt sie an sich. In mir steigen – als Folge vergangener Erfahrungen mit diesem Jungen – sofort alle möglichen Vermutungen auf, was er mit diesen Streichhölzern „anstellen" wird. Ich habe also Einwendungen, ihm die Zündhölzer zu überlassen, begründe meine Meinung aber nicht. Er beobachtet mich anscheinend sehr genau, ahnt, was in mir an Gedanken und Unsicherheiten vorgeht, denn er sagt: „Ich will nur was damit legen." Dann, zu mir mit seinem charmantesten Lächeln: „Ist schön ohne Mist machen, nä?" Ja, er hat meine Befürchtungen (was wird er nun wieder anstellen wollen?) und mein Aufatmen (ah, heute gibt's keine Probleme) wahrgenommen, erkannt; er belehrt mich sogar, das zu erkennen, was in meiner Beziehung zu ihm mein(!) Problem ist.

Verallgemeinernd kann man sagen, dass Beobachtungen von Kindern sehr oft dazu führen, dass sie positiv auf die Aufmerksamkeit, die sie durch eine beobachtende Erzieherin erfahren, reagieren: „… allein durch die Tatsache, dass wir es eine Zeit lang beobachtet haben, hat sich in seinem Verhalten etwas geändert. Je mehr wir ihm zuschauten, desto mehr versuchte es, in Konflikten andere Wege zu gehen, als gleich zuzuhauen oder etwas kaputt zu machen. Für das Kind bedeutete diese Beobachtung auch Zuwendung, und das hat schon gereicht, etwas positiv zu verändern." (Dittrich u. a. 2002, S. 216)

Oder sehen wir nur zum ersten Mal, dass sich das Kind „anders" verhält? Kinder werden oft sogar zu aktiven Mitgestaltern der Beobachtungssituation.

Beispiel 14: Claudia

Ich sitze auf einem Schaumstoffpolster, mit Stift und Heft in der Hand, und beobachte. Claudia (4) kommt auf mich zu: „Du kannst auch hier am Tisch schreiben." Sie macht auf einem kleinen Tisch etwas Platz für mich. „Danke, es geht auch hier sehr gut", sage ich. Claudia: „Ist bequem, ne? Weißt du, wie bequem das bei uns zu Hause ist? Ich wollte schon mal auf dem Fußboden schlafen, so weich ist das." Ich frage, ob sie zu Hause einen dicken Teppich liegen haben. Claudia: „Du kannst mich ja mal besuchen."

Kinder stellen sich auf Beobachtungen ein

Voraussetzung für solche Angebote ist Vertrauen. Vertrauen entwickelt sich, wenn für Kinder spürbar wird, dass der Grund für meine Beobachtungen nicht Kontrolle ist, sondern eine gute und verstehende Beziehung zu Kindern. Diese Haltung hat ganz praktische und für Kinder fühlbare Konsequenzen. Wir sollten den Kindern wahrheitsgemäß sagen, warum wir in ihrer Nähe sitzen und etwas aufschreiben, uns dabei auch nicht stören lassen wollen. Weil wir sie näher kennen lernen wollen, dass wir es spannend finden, was sie tun, dass wir von ihnen lernen wollen. Ist unsere Beziehung vertrauensvoll, werden die Kinder unser Bemühen verstehen und anerkennen.

Ist unsere Beziehung gestört, werden sie misstrauisch verfolgen, was wir da tun, und erst dann mit dem Misstrauen aufhören, wenn wir uns um eine bessere Beziehung bemüht haben. Manche Kinder wird eine solche Erklärung für unser Tun zunächst irritieren, denn unser Anliegen ist ihnen neu. Sie brauchen Zeit und Gelegenheit, uns trauen zu können.

Wir müssen auch keine Bedenken haben, wenn die Kinder uns erst einmal eine „Extravorstellung" geben. Sie gehen damit auf unser Anliegen ein und wollen uns etwas Besonderes bieten. Es muss nicht befürchtet werden, an die „echten Situationen" nicht heranzukommen.

Zum authentischen Verhalten von Kindern gehört auch die „Sondervorstellung", weil sie ihnen – aus welchen Gründen auch immer – wichtig ist. Als Beobachterin sollte man dieses Verhalten als zu ihnen gehörig annehmen. Wenn Kinder sich auf verschiedenste Art auf unser Anliegen, sie zu beobachten, einstellen und sich uns präsentieren oder verweigern, so nehmen sie ihr Recht auf Partizipation wahr, und zwar so, wie es ihnen wichtig ist.

Ich habe oft auch erlebt, dass Kinder sich mit Stift und Papier neben mich setzten. Sie wollten sich an meiner Arbeit beteiligen oder mir helfen, wie sie mir freundlich versicherten. Welch gute Verbindung! Kind und Erzieherin arbeiten gemeinsam an einer wichtigen Sache! Wenn Kinder uns während der Beobachtung in ein Gespräch verstricken wollen, sollten wir sie nicht wegschicken und ihnen damit das Gefühl geben, dass sie stören. Wenn wir bestimmte Bedingungen haben wollen, um unsere Beobachtungen durchzuführen, sollten wir sie dem Kind mitteilen und ihm zusagen, dass wir danach Zeit haben werden für sein Anliegen. Diese Zusage muss dann unbedingt auch eingehalten werden. Bis dahin kann man das Kind einladen, sich an unsere Seite zu setzen oder etwas anderes zu tun, was ihm wichtig ist. Bei sehr dringenden Anliegen muss die Beobachtung verschoben werden. Wie man sich konkret entscheidet, hängt von der jeweiligen Situation ab. Wenn Kinder regelmäßig erfahren, dass sie respektiert werden darin, ihre Tätigkeiten unter selbst bestimmten Bedingungen (Ruhe, Zeit) ausüben zu können, werden sie auch gut damit zurechtkommen, warten zu müssen, ohne sich abgewertet oder ausgeschlossen zu fühlen. Respektierte Kinder sind sehr unterstützungsbereit.

Mitspracherecht für Kinder

Mit Beobachtungen können Kennenlernen und Dialog allerdings nur eröffnet werden.

Beobachtungen, die sich nur der Bereitwilligkeit der Kinder bedienen, uns das beobachten zu lassen, was sie tun, sind einseitig. Sie sind Beobachtungen am Kind, nutzen aus, ohne dass Kinder die Möglichkeit erhalten, von dem Beobachteten zu erfahren oder sich dazu verhalten zu können. Das ist kein Dialog. Solche Beobachtungen machen Kinder zu Lieferanten für unsere Interpretationen, machen sie zu Material, aus dem wir unsere Schlussfolgerungen ziehen. Zwei Dinge sind wichtig für einen Dialog: zum einen, sich zu kümmern um das Schaffen und Suchen der Kinder; zum anderen Gelegenheiten für Kinder, über unsere Bilder von ihnen zu erfahren und sich dazu verhalten zu können.

Beispiel 15: Bielefelder Laborschule

Mit Kindern in einem 2. Schuljahr wurden die Primzahlen erarbeitet. Noch am selben Tag suchte die Lehrerin das Gespräch mit den Kindern über diese Arbeit. „Ich wollte von ihnen wissen, warum während dieser Aufgabe eine so freundliche Arbeitsstimmung die Klasse erfüllt hatte. Das Gespräch wurde vom Tonband auf-

Beispiel 16: Kalle

Das folgende Beispiel ist ein Auszug aus einem Bericht einer Lehrerin an einen Jungen am Ende des 3. Schuljahres. Sie schreibt diesen Bericht in Form eines Briefes, der tatsächlich auch dem Jungen zugeht und für ihn gedacht ist.

Lieber Kalle,
Erwin sagt, dass du im Garten der Beste von allen bist und dass er einen guten Gärtner aus dir machen wird. Deiner vorzüglich zuverlässigen Mitarbeit im Garten verdankt es die Gruppe, dass auch im nächsten Schuljahr ‚Garten mit Erwin' auf dem Stundenplan stehen wird. Das war wirklich einen Freudenhupfer wert!
Und ich verspreche dir: Wenn du das Lesenlernen geschafft hast, dann gibt es bei den ‚Weißen' nicht nur einen, auch nicht zwei, sondern drei Freudenhupfer auf einmal! Die hast du dann nämlich verdient!
Vielleicht dauert es ja nicht mehr lange, denn du bist auf dem Weg dorthin. Von ungefähr 50 Wörtern kannst du jetzt die Einzelbuchstaben so hintereinander legen, dass du das Wort lesen und in Druckschrift abschreiben kannst. Anschließend schaffst du einige dieser Wörter auch nach Diktat; natürlich erst mal nur die leichten.
Nicht nur ich, sondern die ganze Gruppe und alle anderen Erwachsenen bewundern dich für die Energie, mit der du arbeitest. Das Lesen ist – glaube ich – für dich deshalb so schwierig, weil dein Kopf immer wieder vergisst, wie die Buchstaben klingen oder – beim Schreiben – wie der Buchstabe aussieht, den du im Wort klingen hörst. Manchmal ist es für dich sehr schwierig zu hören, welche Laute im Wort klingen, und – noch schwieriger – in welcher Reihenfolge sie klingen. Manchmal graust dir vor den Kassetten, mit denen du das Hören üben sollst, dennoch wirst du im nächsten Schuljahr damit weitermachen müssen. Vielleicht schaffst du dann nämlich das Lesen noch vor den Herbstferien.
Mit dem Schreiben bist du gut vorangekommen. Dein Auge und deine Hand haben sich an die Formen der Buchstaben gewöhnt, vielleicht dauert es nicht mehr lange, bis sie auch in deinem Kopf fest drin sind (...) Wir alle – die Gruppe, Jorinde und ich – freuen uns, dass du in der morgendlichen Erzählrunde mitredest: fachmännisch vom Fußball oder von Lebensweisheiten, die du von deinem Opa hast, oder Dinge, die bei euch in der Nachbarschaft geschehen. Du gehörst mitten hinein in die Gruppe, jeder hilft dir gerne beim Lernen. Du bist freundlich und friedlich zu den anderen, bist eifrig und geschickt beim Fußball, warst mutig beim Reiten, spielst Schach sogar gegen die ‚Rechenkünstler' – kurzum: der Jahrgang 3 inmitten der ‚Weißen' war ein gutes Jahr für dich.

Das nächste Jahr wird nicht weniger anstrengend für dich sein als das vergangene, denn du musst noch vieles schaffen, damit du im Jahrgang 5 zurechtkommen kannst. Aber wenn du so weiterarbeitest wie in den vergangenen Monaten, dann wirst du gut vorankommen (...) Ich wünsche dir schöne Ferien und einen kraftvollen Start ins neue Schuljahr. (Bambach 1994, S. 61–63)

Um solche Briefe schreiben zu können, braucht es Beobachtungen in wertschätzender Haltung dem Kind gegenüber; die Bemühung, seine Stärken und Schwächen aus seiner Situation zu verstehen und ihm so erklären zu wollen, dass das Kind es auch für sich verstehen kann. Nur so kann man dem Kind auch Mut machen für die Anforderungen, die bewältigt werden müssen. In diesem Brief wird das Kind nicht geschont. Es wird ihm Verstehen angeboten, das ihm hilft, sich gestützt zu fühlen; zu diesem Verstehen gehören auch Anforderungen.

Das nächste Beispiel entstand während einer Fortbildung. Wir haben versucht, Szenen, die auf Fotos abgebildet waren, nicht in der üblichen Weise aus Erwachsenensicht zu kommentieren und zu interpretieren (was ist hier das Problem, welche pädagogischen Konsequenzen verlangt das?), sondern den darauf abgebildeten (uns unbekannten) Kindern einen Brief zu schreiben. Diese Briefe entwickelten sich allein aus der genauen Betrachtung des Bildes, aus dem Bemühen, die dort handelnden Kinder in ihrer Situation zu verstehen und dieses Verstehen für die Kinder in Worte zu fassen. Es war alles andere als einfach, sich auf diese Art von Beobachtung und schriftlichen Dialog mit Kindern einzulassen. Auge und Verstehen mussten eine ungewohnte Richtung einschlagen, aus der bewertenden Distanz mussten die möglichen Kinderperspektiven erkundet werden. Das folgende Beispiel ist ein Ergebnis solchen Mühens und zugleich auch der allererste Versuch überhaupt damit, sich Kindern gegenüber in dieser Form auszudrücken.

Beispiel 17: Brief an Kinder

Lieber Max, lieber Luca,
gestern saß ich ja lange am Sandkasten und habe euch beim Spielen zugesehen. Es war ganz spannend, was ihr da alles gemacht habt! Zuerst habt Ihr euch Schaufeln und eine Gießkanne geholt und abgemacht, dass ihr ein tiefes Loch graben wollt. Ich war gespannt, wie ihr wohl damit anfangen würdet. Luca, du hast erst einmal

nur ein bisschen zugeschaut und gestaunt, wie Max schon mit viel Kraft Sand wegschaufelt. Ich glaube, das hat dir genauso gut gefallen wie mir! Aber Max, dich hat die Schaufelei dann ganz schön geschafft, also hast du Luca darum gebeten, dir zu helfen. Das ist gut, manche Sachen machen zu zweit mehr Spaß und zu zweit ist man auch stärker. Klar doch, dass du gleich mitgemacht hast, Luca! Du kannst das auch ganz gut! Schön, dass ihr eure Arbeit zusammen erledigt habt, und das Loch wurde auch recht schnell groß.
Die anderen Kinder um Euch herum störten euch lange Zeit nicht. Bis Kevin und Ines anfingen, Steine in Euer Loch zu werfen. Das hätte mich auch geärgert, die Steine hätten euch ja treffen können, und das Schaufeln geht dann auch nicht mehr gut. Ihr habt dann gleich geschimpft, was ich gut verstehen kann. Ich hätte sie aber gleich auch gefragt, ob es nicht möglich wäre, noch damit zu warten. Vielleicht hättet ihr die Steine auch noch brauchen können? Ihr hättet die Lochbestimmer sein können und es den Kindern somit erst mal verbieten können, Steine zu werfen.
(Bucher 2003)

Eine so kommunizierte Wahrnehmung ist Ausdruck von Wachsamkeit und Sich-Kümmern; sie wirkt als Anstoß für Kinder, sich zu entdecken und daraus eventuelle neue Optionen zu entwickeln, ohne sich von anderen als gescheitert wahrgenommen zu fühlen. So fördern Beobachtungen das gegenseitige Kennenlernen zwischen Erzieherin und Kindern. Es kommt Öffnung und Bewegung in die gegenseitige Sicht. Beobachtung wird zum Suchen nach dem Schlüssel, der die Türen zum Verstehen aufschließt und die verschiedenen Wahrnehmungen von Kindern und Erwachsenen zusammenführt. Das Wissen voneinander, „indem es wächst, verändert seine Gestalt." (Canetti 1995, S. 129). Ich habe vor kurzem gelesen, dass Kinder die Vorstellungen über das, was gut ist, von anderen Kindern übernehmen, dass sie aber von Erwachsenen lernen, ob es sich lohnt, gut sein zu wollen und auch die Rechte anderer anzuerkennen (vgl. Müller 1996, S. 25). Darüber, so scheint mir, lohnt es sich nachzudenken.

4. Beobachtungen und Fragen

Bedeutung des Fragens

„Das Fragen gehört zur menschlichen Existenz, es entsteht aus der Fragwürdigkeit der Dinge und Phänomene, die sich nicht selbst erklären, und Verwunderung, Staunen, Neugier auslösen. Fragen stehen für den menschlichen Antrieb, die Welt und uns selbst forschend zu erkunden. Fragen sind Mittel des Wissenserwerbs, Instrumente der Informationsbeschaffung und Bildung. Sie spiegeln geistige Interessen und Aktivitäten wider, denn sie kommen nicht aus dem Nichts, sondern sind das Ergebnis vorangegangener denkender Erfahrung und zielen darauf ab, das Noch-nicht-Wissen zu bewältigen (...) Jede gestellte und beantwortete Frage, jedes gemeisterte Problem ist ein geistiger Fortschritt. Fragen treiben den eigenständigen Wissenserwerb voran und sind im Gegensatz zur passiven Aufnahme von Wissen eine Methode der selbstständigen Informations- und Erkenntnisgewinnung. Fragen sind nicht nur erkenntnisfördernd und tragen zum selbstständigen Lernen bei, sie haben auch eine wichtige soziale und kommunikative Funktion, als ein Mittel, um sich über Sachverhalte zu verständigen, mit anderen auszutauschen, eigene Sichtweisen zur Diskussion zu stellen und die Sichtweise anderer kennen zu lernen." (Michalik 2003, S. 15)

Zu fragen bedeutet demnach, sich auf die Suche zu begeben. Auf die Suche geht man, weil man neugierig und interessiert ist, aber auch, weil man sich unsicher und verwirrt fühlt und aus dieser Lage herauskommen möchte; weil man das Gefühl hat, etwas noch nicht genug zu verstehen und weil man es besser wissen möchte. Fragen beziehen sich auf Menschen, Sachen, Sachverhalte, auf die eigene Person. Wer fragt, ist offen, bemüht, ausgerichtet auf Neues, Unerwartetes. Beobachtungen sind ohne Fragen nichts wert. Wer nicht fragend beobachtet, kann es ebenso gut lassen, denn er weiß schon die Antworten und will seine Wahrheiten nur noch beweisen. Nur, wer entdecken will, kann und sollte beobachten.

Das folgende Beispiel veranschaulicht, was durch Fragen entdeckt werden kann:

Beispiel 18: Pusteblume

In einer Kita in Weimar erfanden Kinder zwischen 5 und 6 1/2 Jahren Geschichten über die Pusteblume, nachdem sie zuvor die Blume erlebt und Gedichte über sie gehört hatten. Titel der Kindergeschichten: „Wenn die Schirmchen fliegen."

Marleen, fast 5 Jahre: Ein kleiner Schirm fliegt dem Opa auf die Nase. „Hatschi! Hatschi!" Vom Nieswind fliegt er weiter und landet im Blumenkasten.

Mäxi, 6;5 Jahre: Das Samenkörnchen mit dem Stern oben dran fliegt hoch bis zu den Wolkenschafen. Über der Dachrinne vom Kirchturm ruft es: „Wirf mich da rein! Wirf mich da rein!" Die Wolke tut es. Und die Leute müssen dann mit dem Fernglas hochsehen. Der neue Löwenzahn sieht von unten ameisenklein aus.

Clemens, 5 Jahre: Mein Schirmkörnchen fällt in eine Kaffeetasse. Sie steht im Garten auf dem Tisch. Es kann nicht heraus und weint und ruft. Das hört der Wind. Er bläst Erde in die Tasse. Als die Leute in ihren Garten kommen, blüht aus der Tasse ein Löwenzahn.

Martin, 5;2 Jahre: Ein Löwenzahnkorn fliegt auf einen Schuh. Der ist voll Dreckpampe, da drauf kann ganz gut ein Löwenzahn wachsen. Als der Mann mit diesem Schuh am Fuß in die Stadt geht, lachen alle Leute ganz laut.

Karoline, 6;3 Jahre: Ganz viele Samen fliegen zur großen Wiese. „Guten Tag", sagen sie zu den Löwenzahnvätern und -müttern, „rutscht zur Seite. Wir wollen bei euch wachsen." Und wenn dann alle Blüten offen sind, legen sich die Kinder auf den gelben Teppich.

Thurid, 6;7 Jahre: Ich puste und puste. Sie fliegen alle hoch in die Luft. Und am letzten halte ich mich ganz doll fest. Ihr da unten seht wie kleine dicke Käfer aus.

Josel, 5;6 Jahre: Wenn ich sehr blase fliegt ein Samenkorn auf den Balkon. Es wächst im Blumentopf, und meine Häsin hat immer frischen Löwenzahn. (Mäurer 2001, S. 27)

In diesen Geschichten verarbeiten die Kinder ein aufregendes Phänomen: Eine Blume produziert lauter kleine Schirmchen, die fliegen können, sich irgendwo niederlassen und aus denen dann wieder neue Löwenzahnblumen werden können.

Suche nach der Eigenarbeit von Kindern

Wenn wir uns fragend mit diesen Geschichten befassen, so geht es nicht darum, die Motive der Kinder für ihre Geschichte zu erfassen, sondern es geht darum, das Wie und Was zu ergründen und nachzuvollziehen. Fragen suchen danach, wie unterschiedlich Kinder ihre Geschichten komponieren, was sie auswählen, verbinden, zu neuen Bedeutungen zusammenfügen. Fragen suchen auch danach, ob alle Kinder etwas verbindet, etwas, was vielleicht Aufschluss gibt darüber, wie viele Kinder in diesem Alter die Welt verstehen und verarbeiten.

Alle Kinder bringen ihre Schirmchen in eine handelnde Verbindung mit Menschen; sie lassen die Schirmchen selbst zu Wesen werden, die fühlen, sprechen, etwas tun. In allen Geschichten geraten die Schirmchen in Ereignisse – oder sie schaffen selbst welche; aber auch alle Schirmchen verhalten sich entsprechend ihrer Natur: Sie fliegen und lassen sich nieder, um dann neu zu wachsen.

Und dennoch sind diese Gemeinsamkeiten der Geschichtenschreiber individuell komponiert, jede Geschichte schreibt eine eigene Handschrift:

Marleen ist die Verbindung zu ihrem Großvater wichtig, den die Schirmchen zum Niesen bringen. Mäxi lässt das Schirmchen mit den Wolken zusammenarbeiten, Clemens mit dem Wind, Martin mit der Dreckpampe am Schuh. Thurid und Josel sind selbst diejenigen, die durch ihr Pusten das Schirmchen in Bewegung bringen, damit es dann im weiteren Verlauf der Geschichten den Nutzen bringt, den sie sich vorstellen; Thurid lässt sich hoch hinauf tragen, um auf die anderen Menschen wie kleine, dicke Käfer herunterschauen zu können, und Josel sorgt für das Fressen, das seine Häsin braucht, indem er den Samen auf den richtigen Weg pustet.

Mäxi lässt das Schirmchen mit den Wolken zusammenarbeiten, damit es hoch oben und über allem sein kann. Er benutzt Worte wie „Wolkenschafe" und „ameisenklein", um seine Eindrücke und Vorstellungen ins richtige Bild zu setzen. Teile seiner Geschichte erinnern an das Märchen von Frau Holle, in dem das Brot ruft: „Hol mich raus! Hol mich raus!"

Auch Clemens denkt sich das Schirmchen als ein Wesen, das Gefühle hat und in ein Schicksal gerät. Dieses Schicksal ereignet sich in einer Situation, die ihm vielleicht aus seinem Alltag vertraut ist: „Leute" sitzen im Garten und trinken Kaffee. Clemens weiß vermutlich, dass manchmal auch etwas vom Baum oder aus der Luft in die Tassen fallen kann. Da das Schirmchen fliegen kann, wenn es der Wind treibt, landet es von so einem Flug in der Kaffeetasse und kommt nicht mehr heraus. Wie löst Clemens das Problem? Er lässt den Wind auch noch Erde in die Tasse pusten, damit das Schirmchen das bekommt, was es braucht: einen Boden zum Wachsen. Wissen, Fantasie, Gefühl und Ereignisse werden in dieser Geschichte auf eine Art verknüpft, die an mehr denken lässt als nur an die geschilderte Abfolge.

Auch Martin verwendet Symbolik in seiner Geschichte. Das Samenkorn landet auf einem dreckigen Schuh und findet dort die Bedingungen, sich zu einem Löwenzahn zu entwickeln. Was ihn wohl auf die Idee mit dem Schuh hat kommen lassen? Martin verbindet Reales zu Fantasie und platziert seine Fantasie wiederum in die

Realität einer Stadt. Alle Leute lachen, können diesen Widerspruch scheinbar nicht anders verarbeiten.

Mich erinnert seine Geschichte an das Märchen von Wolf Biermann über den kleinen Herrn Moritz, der sich wünscht, dass die Menschen in der Stadt nicht mehr so böse wären, dass wieder die Sonne scheint und Blumen wachsen. Mit diesem Wunsch nach Freundlichkeit wachsen Herrn Moritz so viele Blumen auf dem Kopf, dass sie ihm den Hut hoch drücken. Die Menschen freuen sich und pflücken ihm Blumen vom Kopf. Diese wachsen immer wieder nach und dem kleinen Herrn Moritz geht es gut, bis der Polizist Kunkel ihn entdeckt und ihn auffordert, sich auszuweisen: „Wo gibt's denn so was! Blumen auf dem Kopf, mein Herr!" Die Blumen auf dem Kopf von Herrn Moritz verschwinden und mit ihnen auch die Haare, so dass der kleine Herr Moritz fortan mit einer Glatze herumlaufen muss. (Biermann 1966, S. 230–233)

Karoline hat ihr Löwenzahnschirmchen in eine Familie hineingestellt, in der Kinder neben ihren Eltern wachsen können und wollen.

Die Schirmchengeschichten zeigen sehr deutlich, wie komplex die Kinder Alltagserfahrungen, Beziehungen, Wünsche, Wissen und Fantasien verbinden. Sie wiederholen nicht einfach, was sie wissen, sondern weben neue Wirklichkeiten, in denen alles, was ihnen wichtig ist, Platz findet. Eine fragende und suchende Haltung ermöglicht uns, etwas über dieses Denken, dieses Weltverstehen, über die Bedeutungsarbeit von Kindern zu erfahren. Wir entdecken die Vielfalt und Unterschiedlichkeit, mit der Kinder ein und dieselbe Sache für sich bewerten und in ihre Auffassungen von Leben, Glück und Problem integrieren.

Es geht hier nicht darum, eine Begutachtung über Kinder anzufertigen, sondern es geht um das Bemühen, ihre Auseinandersetzungen und Wertschaffungen nachzuvollziehen. Den Buchtitel „Versteh mich nicht so schnell" (Andresen 1992) möchte ich für diesen Zusammenhang übernehmen: als Aufruf zur Behutsamkeit, zum Bemühen vor der Schlussfolgerung, zum Fragen vor der Antwort, zum Staunen vor dem Urteil, zur Begeisterung vor Formulierungen. Es geht in fragenden Beobachtungen um das Suchen nach der Eigenarbeit des Kindes, nach seinen Verknüpfungen, seinen Aussagen, seinen Deutungen, seinen Schöpfungen. Hier kommen wir dem, was wir als Konstruktionsarbeit bei Kindern bezeichnen, nahe: Jedes Kind ist Architekt, baut an seinem Haus, indem es sein Wissen und Verstehen, sein Können und seine Erfahrungen nutzt, aber bei aller Konstruktion sich selbst nahe bleibt.

Neben dem Verstehen von Beobachtungen durch Sich-Fragen-Stellen ist auch der andere Weg möglich, nämlich Kinder zu fragen.

Beispiel 19: Charly

Die Kinder haben am Vortag aus Knetmasse Schnecken geformt. Charly (3) hat außerdem ein Flugzeug hergestellt. Heute werden die Arbeiten fortgesetzt. Die Praktikantin versucht, sich den Zugang zu Charlys Ideen zu erfragen:

„Weißt du noch, was du gemacht hast?"
„Nein."
„War das nicht ein Flugzeug?"
„Ja."
„Und wer war da drin?"
„Ein Nilpferd."
„Und was isst das Nilpferd?"
„Weiß ich nicht."
„Waren das nicht Schnecken?"
„Nein."
„Doch nicht?"
„Nein."
„Was isst das Nilpferd denn?"
„Vielleicht gar nichts."
„Ist das Nilpferd alleine im Flugzeug?"
„Ja."
„Sind die Schnecken nicht bei ihm?"
„Nein ... Doch. Da freut das Nilpferd sich."
Kurz danach dreht Charly eine lange „Wurst" aus Knetmasse.
„Guck mal, wie lang die Schnecke ist."
Ein anderes Kind: „Das ist doch keine lange Schnecke."
Charly: „Das ist eine kleine lange Schnecke." Er berührt einen kleinen Tannenzweig, der auf dem Tisch liegt, und zieht seine Hand zurück.
Praktikantin: „Oh, hat er dich gepiekt?"
„Ja", (zeigt auf den Tannenzweig) „ein O – Tannenbauch! Guck, die Schnecke hat einen ganz dicken Bauch."
„Dann kann die viel essen, oder?"
„Ja."
Charly drückt den Tannenzweig in eine Knetkugel.
Praktikantin: „Oh, nimmt das Flugzeug den Tannenzweig mit?"
„Nein, das ist das Wasser von meinem Feuerwehrboot." (Charly erzählt jetzt eine

5. Beobachtungen, Interpretationen und Hilfen

Janusz Korczak, der polnische Pädagoge, Arzt und Schriftsteller hat vielfältige Beobachtungen in den Mittelpunkt seiner Praxis gestellt:

„Man muss alles aufschreiben und sich drüber Gedanken machen (...), nach Gesetzmäßigkeiten suchen. Es geht nicht darum, sich Gedanken zu machen, was und wie etwas vom Kind verlangt, was man ihm befiehlt oder verbietet, sondern darum, was ihm fehlt und wovon es zuviel hat, was es von sich aus geben kann (...) Korczak entwickelt eine Art respektierender Erkenntnis, deren ethische Grundlage die Einsicht ist, daß das ‚Geheimnis' des Kindes letztlich unergründbar bleiben wird, daß es aber Ziel des Verstehens sein kann, die beständige Schieflage im Erwachsenen-Kind-Verhältnis zu entzerren." (Langhanky 1993, S. 96, 97)

Beobachtungen, die das Kind als Subjekt würdigen und ihm seine Geheimnisse und Besonderheiten lassen, fragen nicht nach dem „Warum", sondern danach, wer das Kind ist. Die Frage nach dem „Wer" ist zugleich auf die Gegenwart des Kindes bezogen, auf die derzeitige Begegnung mit dem Kind ausgerichtet (vgl. Langhanky 1993, S. 98). Was macht den Unterschied aus?

Kinder zwischen Selbstverfügung und Angewiesensein

Die Frage nach dem „Wer" orientiert sich an der Person des Kindes, an dem, was das Kind tut, was für den Beobachter erlebbar, sichtbar und hörbar ist. Der aufmerksame Beobachter entdeckt dabei sich selbst, denn er ist Teil der Beziehung in dieser konkreten Situation. Fällt ihm etwas auf, so fragt er sich nicht zuerst, was mit dem Kind los ist, warum es sich „so anders" verhält, wo er gegensteuern muss, was er mit welchem Ziel fördern muss. Sondern er fragt sich zuallererst: Warum fällt mir etwas auf? Er kümmert sich um seine Bewertung, seine Sorge, macht nicht das Kind in linearer Kausalität zum Mängelwesen. Aus seiner bedachten Sorge entwickelt sich etwas für das Kind – oder besser: im Sinne des Kindes, wenn fragend herausgefunden wird, was das Kind tut, wie es das, was ihm dabei geschieht, auszudrücken versucht, wie es reagiert. Im Verstehen ändert sich die Ausrichtung des Tuns.

In Beobachtungen muss darauf geachtet werden, wer das Kind zwischen Selbstverfügung und Angewiesensein (Renner 2003, S. 49) ist und wie es sein Selbstbild, sein Selbstempfinden, seine Selbstwünsche im Handeln, in Kontakten, im Malen, Bewegen, Sprechen usw. ausdrückt.

Beobachtungsereignisse „begründen immer soziale Situationen, die dahingehend zu befragen sind, ob sie eine Einschränkung oder eine Erweiterung der Selbstverwirklichung und Selbstverfügung des Individuums über seine Entwicklungsmöglichkeiten bedeuten" (Gstettner 1981, S. 9).

Beispiel 20: Heiko

Dieses Beobachtungsbeispiel enthält eingestreute Kommentare von mir (kursiv gedruckt), mit denen ich den Blick richten möchte auf die handelnden Kinder und auf die Auseinandersetzungen mit möglichen spontanen Bewertungen durch Erwachsene. Die Beobachtung nimmt eine Situation in der Bauecke einer Kita von 9.30–9.55 Uhr auf. Beteiligte Kinder sind Heiko (3;6), Tobias (3;6) und Elke (3;0). Die Gruppenerzieherin führt diese Beobachtung durch.
(Kuhn 1994)

Heiko und Tobias spielen in der Bauecke. Viele Bauklötze liegen verstreut auf dem Boden. Tobias liegt auf dem Bauch und beobachtet Heiko. Heiko spielt mit einer Handpuppe (Krokodil mit Holzkopf), er füttert das Krokodil mit Holzklötzen.
Tobias steht auf, nimmt Heiko das Krokodil aus der Hand und sagt: „Das ist meins."
Heiko weint, sagt: „Gib mir das Krokodil wieder, ich will das Krokodil wiederhaben."
Tobias reagiert nicht.
Heiko geht zur Beobachterin und sagt: „Tobi hat mir das Krokodil weggenommen. Ich will es wiederhaben." Die Erzieherin gibt ihm den Rat, mit Tobi darüber zu reden. Heiko: „Nein, der haut mich dann." Erzieherin: „Magst du mal im Korb nachsehen, ob dort noch ein Krokodil ist?" Heiko: „Nein, da ist keins, und ich brauche auch das Holzkrokodil." Erzieherin: „Vielleicht könnt ihr ja auch gemeinsam mit dem Krokodil spielen."
Tobias: „Ja, immer abwechseln. Jetzt ich."
Heiko (nach kurzer Zeit): „Jetzt will ich das Krokodil wieder." Tobias reagiert nicht, füttert das Krokodil mit Bausteinen.

Meine Gedanken: Mit fällt auf, dass Tobi Heiko beobachtet, also ihm Beachtung schenkt. Ich bemerke, dass mir das gefällt. Ich weiß auch aus anderen Beobachtungen, dass die beiden Jungen sich als Freunde verstehen. Nun nimmt Tobi aber seinem Freund das Krokodil weg und behauptet, es sei seins. Ich frage mich jetzt unwillkürlich, warum er das tut, und alles Mögliche geht mir dazu durch den Kopf. Aber das ist nur meine Frage. Heiko fragt das nicht! Heiko wehrt sich. Er tut das auf verschiedene Art und Weise: Er weint, er bittet Tobias, ihm das Krokodil wiederzugeben, er äußert seinen Willen „Ich will es wiederhaben" (nicht: „Ich habe es zuerst gehabt" oder „du bist gemein" oder „du musst es mir wiedergeben"), er wendet sich an die Erzieherin. Ihr teilt er zwei Dinge mit: Tobi hat mir das Krokodil weggenommen. Ich will es wiederhaben. Keine Anklagen, keine Begründungen, nur Aussagen über seine Situation. Die Erzieherin schlägt ihm nacheinander zwei Lösungen vor, die alle darauf gerichtet sind, dass Heiko das gewünschte Krokodil bekommt. Auch bei ihr: keine Anklagen, keine Bewertung. Heiko argumentiert zu jedem Vorschlag: Wenn ich mit ihm rede, haut er mich. Nein, im Korb ist kein Krokodil. Ich brauche ein Holzkrokodil. Auf den dritten Vorschlag der Erzieherin antwortet aber Tobias(!); er will die Lösung, sich mit dem Krokodil abzuwechseln. An dieser Stelle muss ich gestehen, dass sich meine Gefühle spontan wieder mit Tobias versöhnen; aber nicht lange, denn nun bestimmt er auch gleich, er sei nun an der Reihe, das Krokodil zu haben. Hätte ich in der konkreten Situation neben ihm gestanden, hätte ich sicherlich darauf reagiert; ihn aufmerksam darauf gemacht, dass es nun an der Zeit wäre, das Krokodil wieder abzugeben ... Gut, dass sich die Erzieherin hier nicht einmischt; sie beobachtet, und das erleichtert ihr das Abwarten. Jetzt will Heiko – gemäß der Vereinbarung – an die Reihe kommen und das Krokodil wiederhaben. Und wieder reagieren meine Gefühle darauf: Gut, dass er auf seinem Recht beharrt! Tobias reagiert allerdings nicht, sondern behält das Krokodil und füttert es. Und wieder entstehen Fragen, und, da sie spontan sind, auch sehr enge Fragen: Will er seinen Freund provozieren? Welches „Spielchen" spielt er mit ihm? Ist das nicht eigentlich gemein? Sollte man ihm jetzt nicht das Krokodil wegnehmen, damit er spürt, wie es ist, warten zu müssen? Muss man Heiko nicht zu seinem Recht verhelfen? Aber es ist nicht unsere Aufgabe, uns ungefragt zum Stellvertreter für Heiko zu machen und einfach davon auszugehen, dass unsere Gefühle richtig und die daraus resultierenden Schlussfolgerungen ebenso richtig und im Sinne von Heiko sind. Im weiteren Verlauf der Situation kann man sehen, wie gut es ist, hier nicht einzugreifen, und wie anders die Kinder ihre Situation klären. Meine spontanen, gefühlsmäßigen Interpretationen hätten zu falschen Eingriffen geführt, hätten die Kinder auf ihrem Weg gestört.

Heiko sucht sich jetzt ein Plastikrohr und singt laut hinein. Tobias schaut auf, legt das Krokodil zur Seite, nimmt sich auch ein Rohr und singt ebenfalls hinein. Heiko schmeißt sein Rohr weg und greift sich wieder das Krokodil. Dann nimmt er ein dünnes Rundholz, steckt es sich in ein Nasenloch, stellt sich vor den Spiegel und beobachtet sich. Tobias stellt sich neben Heiko und beobachtet ihn im Spiegel. Dann geht er zur Toilette. Heiko zieht das Rundholz aus der Nase.

Meine Gedanken: Heiko beginnt ein neues Spiel. Ich bin unsicher, was er vorhat. Tobias tut es ihm nach. Das Krokodil wechselt dabei fast beiläufig den Besitzer. Die Auseinandersetzung um das Krokodil scheint nicht mehr wichtig zu sein. Heiko hat mit seinem neuen Spiel auch neue Perspektiven in die Situation gebracht. Wie er sich dabei fühlt, weiß ich nicht. Darüber sagt die Beobachtung nichts aus. Aber sichtbar wird, was sein Handeln bewirkt: Tobias schließt sich ihm an. Wenn man diesen Beobachtungsabschnitt und sich selbst dabei reflektiert, so bemerkt man, dass die Eindrücke über die beiden Kinder mehrmals wechseln, dass sich die Frage „wer sind die Kinder?" mehrmals sehr unterschiedlich, ja sogar gegensätzlich beantwortet, dass aber auch Staunen entsteht, wie die beiden Jungen die Situation als ihre Situation regeln, ohne ihre Beziehung aufzugeben.
Aber die Beobachtung nimmt noch eine weitere erstaunlich Wende, indem Elke hinzukommt.
Heiko setzt sich und füttert das Krokodil mit Bausteinen. Elke kommt in die Bauecke, fragt: „Darf ich mitspielen?" Heiko: „Ja." Elke setzt sich, baut mit großen Klötzen. Tobias kommt von der Toilette zurück und sagt: „Du darfst nicht mitspielen, Elke." Elke: „Doch." Sie baut weiter. Tobias nimmt sich das große Rohr, kippt kleine Bausteine hinein, dabei stößt er Elkes Bausteine um. Elke: „Oh, Tobias, du ärgerst mich!" Tobias kippt wieder einige ihrer Klötze um. Elke: „Schon wieder!" Dann zu Heiko: „Heiko, der Tobi ärgert mich." Heiko zu Tobias: „Hör auf damit!". Er schlägt mit einem Bauklotz nach Tobias, trifft ihn aber nicht.
Heiko zu Elke: „Elke, ich hab ihm schon gesagt, dass er das lassen soll."

Meine Gedanken: Auch in diesem Situationsabschnitt beleidigen die Kinder sich nicht, sondern klären ergreifend deutlich und einfach, was ihnen im Moment(!) wichtig ist. Darf ich mitspielen? Ja. Du darfst nicht mitspielen. Doch, ich darf. Elke wendet sich schließlich an Heiko, der ihr erlaubt hatte, mitzuspielen: Heiko, der Tobi ärgert mich. Sie überlässt dabei Heiko die Entscheidung, was er mit dieser Mitteilung tun will. Und Heiko, der noch zehn Minuten vorher gesagt hatte, dass Tobi ihn schlagen würde, wenn er mit ihm redet, fordert denselben Tobi jetzt auf: Hör auf damit, und schlägt mit einem Holzklotz nach ihm. Ich muss meinen anfänglichen Eindruck revidieren: Heiko hat, das lerne ich, nicht generell Angst vor Tobi, er hatte es nur in der konkreten Situation; zumindest sah er in der ersten Situation keine konkreten Möglichkeiten, Tobias dazu zu bewegen, das Krokodil herauszugeben; jetzt sieht er eine Handlungsmöglichkeit und nutzt sie. Und er findet es auch wichtig, Elke zu sagen, dass er etwas unternommen hat, damit Tobi aufhört, sie zu ärgern. Wie geht es weiter?

Tobias nimmt ein anderes großes Rohr, füllt wieder Bausteine hinein; Heiko nimmt auch Bauklötze, füllt ebenfalls das Rohr. Dann ziehen sie gemeinsam das Rohr hoch, die Bauklötze fallen unten raus. Einen Augenblick später hilft Elke auch beim Füllen und Hochziehen. Mit diesem Spiel beschäftigen sie sich ungefähr drei Minuten, dann verlassen sie die Bauecke gemeinsam.

Meine Gedanken: Jetzt ist es Heiko, der die Spielidee von Tobias aufnimmt und es damit wieder zu einem gemeinsamen Spiel schafft – ohne Umwege aus der „Zerstörungsszene" entwickelt! –, an dem sich schließlich auch Elke beteiligt.

Diese Beobachtung ist ein gutes Beispiel dafür, wie sich Spielideen und Beziehungen miteinander verändern und Kinder in unterschiedlichen Abschnitten der Situation unterschiedlich eingreifen, diese gestalten; dabei gewinnen sie für sich allein, aber auch für das Gemeinsame. Etwas, das auf den ersten Blick aussah wie eine unerfreuliche und ungerechte Konfrontation, wird zu einer geschickten Situationsbewältigung, für die man die beteiligten Kinder würdigen muss. Zu dieser Würdigung gelangt man nur, wenn man ehrlich mit seinen spontanen Gefühlen und Eindrücken ist, dann aber bewusst dem Geschehen in der Situation folgt: Wer sind die Kinder? Was tun sie mit welchen Folgen?

Verstehen individueller Muster

Auch Korczak ging es bei „Beobachtungen nicht so sehr um allgemeingültige Muster des Verhaltens, sondern vielmehr um eine Methodik des Verstehens der individuellen Muster. Es geht ihm um die Einbeziehung des Beobachters, des Erziehers und Lehrers in diese Methodik, um die Einbeziehung des eigenen Kommentars, der eigenen Erlebnisse und Gedanken bei der Durchführung der Beobachtung. Die Beobachtungen sollen nicht zu schnellen Synthesen, allgemeinen Formulierungen oder Erkenntnissen zusammengefaßt werden." (Langhanky 1993, S. 122)

Dennoch fertigen wir Beobachtungen auch an, um schließlich Erkenntnisse und Schlussfolgerungen für unser Handeln zu gewinnen. Eine einzelne Beobachtung wie das eben besprochene Beispiel führt zur Achtsamkeit – für das Kind, sein Tun, für die Ergebnisse aus dem Tun sowie für unsere (voreiligen) Interpretationen. Aus einzelnen Beobachtungen ergeben sich Fragen: Drücken sich die Kinder in anderen Situationen, mit gleichen oder anderen Kindern, anders oder gleich aus? Wie entwickeln sie Strukturen in ihren Handlungsfolgen und Beziehungen? Welche Strukturen sind sichtbar? Wer ergreift welche Initiative mit welchem Ergebnis? Welche Geschichten entwickeln Kinder? Welche Bedeutungen drücken sie aus? Wie sind sie als Person in diesen Prozessen? Erst allmählich kann man so etwas wie individuelle Muster erkennen, die dann Ausdruck sind von Erfahrungen und Bewertungen, zu denen die Kinder gefunden haben. Und auch erst dann kann man erkennen, ob es sich um Muster handelt, mit denen die Kinder ihre Beziehungen ausrichten können, oder um solche, mit denen sie sich Probleme schaffen. Auch wenn wir ein „Fehlverhalten" interpretieren, weil eine Reihe von Beobachtungen diesen (reflektierten!) Schluss nahe legt, gilt: „Wenn ein ‚Fehlverhalten' hartnäckig bleibt, steckt eine Botschaft oder Wahrheit darin, die ich noch nicht kenne." (Andresen 1991, S. 103)

Das heißt, auch Symptome sind nicht verallgemeinerbar, sondern von einem Kind „gewählt" aufgrund seiner individuellen Situation, die Bedingungen enthält, die nicht passen, um sich anders verhalten zu können; die das Kind Verhaltensweisen ausbilden lässt, die es nicht wirklich befreien, sondern seine Selbstverfügung durch Angewiesensein oder Ausgeliefertsein erheblich einschränken.

Hilfen

Aufgabe von Erziehern ist es nicht, als Therapeuten tätig zu werden, sondern versuchen, in den vielen kleinen Alltagssituationen zu „heilen". Unter „heilen" verstehe ich, „Bedingungen zu suchen und zu ermöglichen, in denen sich das Kind am besten selbsttätig entfalten und entwickeln kann" (Langhanky 1993, S. 144).

Prüfstein für das, was ich finde und einsetze, ist das Kind: Kann es diese veränderten Bedingungen für sich als Chance nutzen und zu einer gelingenderen Selbstverfügung finden? Es wird sichtbar sein, wenn es gelingt. Manchmal wird das Kind sich vielleicht diese neuen Möglichkeiten nicht zutrauen oder ihnen nicht trauen, und deshalb auf seinen Mustern beharren. Dann wird Unterstützung gesucht werden müssen bei geeigneten Fachleuten. Aber auch hier gilt: Nicht das Symptom muss verschwinden, sondern das Kind muss mit sich und seiner Umwelt besser leben können.

Diese Aussagen sind, zugegeben, nicht leicht umzusetzen. Und sie fordern ErzieherInnen viel an Beobachtung, Reflexion und Dialogfähigkeit ab. Sie erfordern vor allem, dass man Kinder nicht miteinander vergleicht, sondern jedes Kind nur mit seinen eigenen Fortschritten und Rückschritten. Und mit Fortschritten und Rückschritten sind hier nicht so sehr einzelne Fertigkeiten in den Blick genommen, sondern die Lebensfähigkeit des Kindes: sein Zutrauen, sein Mut, sein Umgang mit sich selbst und mit anderen, sowie die Kenntnisse und Fertigkeiten, die es dafür einsetzt und daraus gewinnt. Dass Kinder in Kontakt kommen mit vielen solchen Kenntnissen und Fertigkeiten zur Lebensbegeisterung und Lebensmeisterung, dafür sind allerdings die Erwachsenen verantwortlich.

Entscheidend ist, dass ErzieherInnen sich zu ihren Beobachtungen, Interpretationen und Hilfsideen Diskurspartner im Team suchen, also ihre Eindrücke, Fragen, Schlussfolgerungen, aber auch ihre gefühlsmäßigen Selbstbeteiligungen an den Beobachtungen, zur Disposition stellen und sich öffnen für andere Sichtweisen, für Fragen und Unterstützungen. Vereinbarungen, die dann getroffen werden, formulieren keine allgemeinen Ziele (z.-B.: weil alle Kinder dies oder das können müssen, muss auch dieses Kind das jetzt lernen …), sondern sie entwerfen aus den beobachteten Situationen Hilfeentwürfe für das konkrete Kind; und zwar solche Hilfen und Angebote, die morgen mit dem Kind(!) beginnen können!

Beispiel 21: Stuhlkreis

Ich habe beobachtet, dass es einem Kind besonders große Probleme bereitet, im täglichen Stuhlkreis zuzuhören. Es stört. Andere Kinder sind sauer auf dieses Kind. Mir behagt die Situation nicht, denn es kommt für das „störende" Kind nichts Gutes dabei heraus. Aufgrund meiner Beobachtungen verstehe ich bisher, dass das Kind deshalb stört, weil es sich überfordert fühlt. Ich bin mir nicht sicher, ob ich das Kind schon richtig verstehe; das werde ich aber nur herausfinden, wenn ich neue Bedingungen schaffe. Ich werde dann sehen können, wie sich das Kind verhält. Also erhält das Kind ab morgen die Möglichkeit, selbst zu entscheiden, ob und wie lange es im Stuhlkreis sitzen bleiben möchte. Ich werde das Kind aber bitten, im Raum zu bleiben, denn ich will es nicht ausgrenzen und möchte auch, dass es seine Nähe zu uns wahrnehmen kann. Ich werde ihm diese Begründung sagen, damit es spürt, dass ich es nicht verlasse oder bestrafe. Ich werde beobachten, wie das Kind mit diesen Selbstverfügungsmöglichkeiten umgeht und dann über weitere Unterstützungen nachdenken und sie auch finden.

In diesem Beispiel verfüge ich nicht über die Zukunft, sondern öffne dem Kind Möglichkeiten, aus einem konkreten Situationsdilemma herauszukommen. Solange das Kind im Stuhlkreis überfordert ist, kann es sich auch nicht auf das Geschehen in dieser Situation einlassen. Erst in einer neuen Situation hat es wieder die Möglichkeit, sein Wollen kennen zu lernen und darüber zu verfügen. „Zum Wollen gehört auch das *Nicht-Wollen* und das *Noch-nicht-Wollen*, weil man nicht bereit ist, anzufangen und mitzutun. Um etwas wirklich zu wollen, muß man sich entschieden haben, sich nun diesem einen zuzuwenden und alles andere, was auch möglich und schön wäre, zu lassen. Zu wollen, wo man von vornherein weiß, dass man soll oder muss, das braucht Vertrauen zu dem, der bestimmt. Weil dieses Vertrauen so selten ist, ersetzen wir es durch die Forderung, zu folgen, weil das für die eigene Zukunft notwendig sei. Wer aber nicht begreift, wie das, was er heute tun soll, Zukünftiges bestimmt, nicht vertraut, und trotzdem folgt, tut das aus Schwäche und Feigheit." (Andresen 1991, S. 33) Im Beispiel gestaltet sich durch die Situationsänderung für das Kind auch die Beziehung zwischen Erzieherin und Kind. Sie hat mit ihren Möglichkeiten versucht, das Kind zu verstehen und gibt mit ihrer konkreten Hilfe dem Kind die Möglichkeit, sich selbst neu zu verstehen, weil es sich neu ausprobieren und erfahren kann.

So beziehen Beobachtungen, ihre Interpretationen und Hilfen Kinder ein, anstatt bewertend und handelnd über sie zu verfügen.

6. Beobachtungen, Planungen und Herausforderungen

Kindern dienliche Beobachtungen können nicht einseitig sein, denn „das erste und unbestreitbare Recht des Kindes ist, seine Gedanken auszusprechen und aktiven Anteil an unseren Überlegungen und Urteilen über seine Person zu nehmen," (Korczak in Renner 2003, S. 49).

Das bedeutet, dass Beobachtungen und Schlussfolgerungen von Erwachsenen in die Beteiligungskompetenz von Kindern gestellt werden müssen. Dies nicht, weil es wieder einmal gerade dem Zeitgeist entspricht, so etwas zu fordern, sondern weil es eine Binsenweisheit ist, dass ein Mensch nur dann lernen und sich entwickeln kann, wenn er beteiligt ist, sich innerlich in Beziehung setzen kann zu dem, was (mit) ihm geschieht. Das, was mit einem Menschen geschieht, muss also in seiner Verfügbarkeit sein. Das hat auch mit dem Ausmaß von Freiheit zu tun, das ein Mensch für sich nutzen kann, und dies wiederum hängt zusammen mit dem Recht auf Menschenwürde.

Dass eine Sache nicht „an sich" einen pädagogischen Wert oder eine Wichtigkeit hat, sondern dass diese Wichtigkeit geschaffen wird, indem die Sache zu einer Sache des Kindes werden kann, ist ebenfalls schon angesprochen worden. Welche Rolle spielt dabei aber der beobachtende Erwachsene? Dazu stellt der folgende Text eine interessante These auf: *„Situationen sind komplex. Zu der Komplexität gehört etwa die Haltung des Erwachsenen in der Situation zu der materiellen Umgebung, wie zu dem Kind. Eine solche Situation ist für ein kleines Kind, das erst vor kurzem laufen gelernt hat, eine Wiese an einem Hang. Die Neigung des Hanges ist die materielle Voraussetzung für die Möglichkeit, zu lernen, einen Hang hinunter zu laufen. Die Neigung alleine führt nicht zum Lernprozess. Er entsteht erst im Kontext mit einem Erwachsenen, der implizit die Aufgabe stellt, den Hang hinunterzulaufen. Was er dazu tun muss, ist, selbst den Hang hinab zu laufen und deutlich zu machen, dass es ihm Freude macht. Das Kind verbindet die Beziehung des Erwachsenen mit dem Hang und sich zu einer Situation. Das ist daran erkennbar, dass es einige Wochen später, bei Vorliegen der gleichen oder ähnlichen Situation den Lernprozess fortsetzen wird. Nun etwas höher, gewagter und etwas schneller. Dieser Lernprozess wird so lange fortgesetzt werden, bis das, was man aus der Situation lernen kann, erschöpft ist. Dann werden andere Situationen wichtig."* (Scholz 2003, S. 21)

Lebensthemen von Kindern aufnehmen

Stimmt man dieser These zu, so bedeutet das, dass Erwachsene die Aufgabe hätten, Situationen und ihre Anmutung und Handlungsmöglichkeit zu entdecken und zwar

„nachvollziehend" aus der Perspektive von Kindern. Anders formuliert: Erwachsene müssten sich vorstellen können, was Kinder mit Situationen, Materialien usw. tun wollen und tun können, und sich selbst interessiert und handelnd darauf einzulassen vermögen. Die Erzieherin findet also Themen und Herausforderungen für Kinder aus ihrem eigenen Interesse und Bildungszusammenhang, aber zugleich aus der (vorgestellten) Sicht handelnder Kinder.

Dazu ist dreierlei notwendig: Erstens ihre aufmerksame und beobachtende Haltung „dem Leben" gegenüber; sie muss sich dem Alltag gegenüber als Entdeckerin verhalten. Zweitens ist ihre aufmerksame und beobachtende Haltung den Kindern gegenüber notwendig. Um sich vorstellen zu können, welche Bedeutung Kinder in Situationen für sich entwickeln können, muss sie immer wieder die Rückbesinnung zu den Kindern suchen, an ihrem Verstehen arbeiten und ihr Bild von Kindern an deren konkretem Tun orientieren. Sie muss wissen, wie Kinder mit unterschiedlich entwickelten Kompetenzen auf Situationen zugehen und wie sie sich für sie bedeutungsvolle Kompetenzen in diesen Situationen aneignen. Sie muss „ahnen" können, wie sich aus Sicht der Kinder Situationen ausschöpfen lassen, und dies ermöglichen und planen. Und drittens ist nötig, was im folgenden Textausschnitt für eine Lehrerin formuliert wird, aber ebenso für Erzieherinnen gilt: *„Die Lehrerin selbst ist gebildet, weiß und kennt vieles, und erfährt ihren Unterricht zweifach als bildend auch für sich selbst. Sie ist für Kinder eine Erwachsene, die ihnen ihre Sicht auf den Gegenstand bietet, erfahrungssatt und wissensprall, wenn sie dafür bereit sind. Damit zeigt sie ihnen, dass es gut ist, zu lernen und erwachsen zu werden. Andererseits wird ihr eigenes Interesse am Gegenstand durch die Sicht der Kinder auf ihn und durch ihre Fragen immer wieder neu erfrischt. Das setzt voraus, dass sie ihre Sicht nicht vordrängt oder überordnet. Sie wird ohnehin viel Gewicht bekommen. Die Lehrerin fragt sich vorab: Welche Beziehung habe ich zum neuen Gegenstand? Hat sie keine oder eine schwache, muss sie sich eine suchen oder erarbeiten – vor dem Unterricht oder in ihm gemeinsam mit den Kindern. Sie ist insofern aufrichtig. Schulbücher, fertige Arbeitsblätter usw. können ihren Gegenstandsbezug nicht ersetzen, entmündigen sie, wenn sie sich an ihnen orientiert, und entwerten den Unterricht von vornherein, wenn sie mehr zu sagen haben als die Menschen in der Klasse."* (Andresen 2000, S. 50)

Nun werden Situationen nicht nur zu Situationen für Kinder, wenn Erwachsene sie entdecken und für Kinder „vorausschauend erschließen", um sie dann Kindern anzubieten und in ihre Verfügung zu stellen. In einem anregungs- und begegnungsreichen Alltag finden Kinder selbst und miteinander solche Situationen, auf die sie sich neugierig einlassen und die sie auf ihre Bedeutung und ihren Nutzen hin erkunden. So wird auch ein Kind allein die Klettermöglichkeiten eines Hanges entdecken, ohne dass Erwachsene ihm begeistert zeigen, was man damit tun kann. Dennoch hätte auch in diesem Fall der Erwachsene eine entscheidende Aufgabe, nämlich dem Kind Beachtung zu schenken, dem Kind zuzutrauen, was es tut und warum es das tut. Diese Wertschätzung und das „achtende Lassen" durch den Erwachsenen wird das Kind für sich mit der Situation verknüpfen, wenn es diese zu seiner Situation macht. Sie beinhaltet für das Kind nicht nur eine Körperwahrnehmung (ich kann den Hang runterklettern), sondern auch eine Begegnungs- und Beziehungswahrnehmung (ich fühle mich aufgehoben und gehalten durch Vertrauen und Zutrauen des Erwachsenen).

Lernereignisse gestalten

Die Lebensthemen von Kindern lassen sich nur durch Beobachtungen erkunden, ebenso die Bedeutungen, die sie damit verbinden. Dennoch ist die Erzieherin nicht darauf reduziert, nur zu reagieren und zur Erfüllung zu verhelfen, was Kinder von sich aus beginnen. Da sie die Welt mit anderen Augen, mit längerer Erfahrung und komplexerem Wissen beobachtet, sieht sie Aspekte und Bedeutungen in Themen, die Kinder von sich aus nicht thematisieren, in deren Nähe sie aber gleichwohl mit ihrem Tun geraten. Die Erzieherin hat hier die Aufgabe, Möglichkeiten anzubieten, um das Spektrum der Kinder herauszufordern, zu vertiefen und zu erweitern. „Den Kindern Voraussetzungen für wirkliche Erfahrungen zu schaffen, bedeutet nicht, sie zu verweichlichen oder zu verwöhnen. Sie brauchen echte und nützliche Widerstände. Entfaltung kann sich nur durch Auseinandersetzung mit Widerständen vollziehen. Widerstände und Verstörung erzeugende Einwirkungen sind jedoch nicht das Gleiche." (Andresen 1991, S. 87)

Beobachtungen sind Voraussetzungen solcher Herausforderungen und Widerstände, sie sind aber auch Mittel zum begleitenden Verstehen im Prozess. Das heißt: Beobachtungen helfen, ereignishafte Themen von Kindern zu entschlüsseln und – an ihnen anknüpfend – Lernereignisse zu gestalten. Entscheidend bei der Wahl solcher Themen ist, dass Kinder sich entweder schon mit ihnen beschäftigen oder dass sie sich an sie ankoppeln können, weil sie in der Herausforderung durch die Erzieherin ihr Interesse entdecken können. In diesem Sinne ist deshalb eine Themenwahl der Erzieherin nicht immer ein Treffer, weil die Bedeutung, die Kinder damit verbinden könnten, falsch eingeschätzt wird oder sich in der gegenwärtigen Situation nicht erschließt. Ein Thema gegen die innere Beteiligung von Kindern durchzuziehen, macht keinen Sinn, denn es wird zu keinem Lernen führen – außer zu der Erfahrung, dass Erwachsene die Bestimmer sind über das, was Kinder zu interessieren hat.

Eine gute Möglichkeit, Herausforderungen und Lernprozesse, die Entdeckung der Welt mit Kindern zusammen zu organisieren und zu erleben, sind Projekte.

Am Anfang von Projekten steht eine Idee, entstanden aus Beobachtungen, Fragen, Schlussfolgerungen. Die Erzieherin gibt ihre Idee in die Verfügung der Kinder oder lässt sich auf die Ideen der Kinder engagiert ein. Gemeinsam wird mit den Kindern entwickelt, welche Fragen, Hypothesen, Interessen sie daran knüpfen, und in welchem Verhältnis diese zu den Fragen, Hypothesen und Interessen des Erwachsenen stehen.

„Es geschieht in der Versammlung des ‚Was tun', daß die Idee Gestalt annimmt. Welche das ist, wird man allerdings erst am Ende von hundert Gedankensprüngen wissen, wenn (und wenn überhaupt) die Kinder es entscheiden. Manchmal ist die Idee nicht zufriedenstellend oder findet nicht genug Zustimmung. Überhaupt keine Katastrophe (...) Es geht darum, daß alle zusammen eine besondere Idee finden, auf die die Arbeit hingesteuert wird. Und wenn sie es wert ist oder gut gelingt, kann diese Arbeit eine ganz schöne Zeit dauern, Wochen sogar – oder Monate. Jedes Kind kann seine Idee äußern; dann wird man sehen, wie sie von den Kameraden aufgenommen wird.

So fliegen die Ideen durch den Raum, werden zurückgeschleudert, häufen sich, erheben sich von neuem, verschwinden einfach oder lösen sich langsam in Nichts auf. Bis dann endlich eine von ihnen entschieden die Oberhand gewinnt, in höchste Höhen fliegt und siegreich das gesamte Parlament (Anm.: gemeint ist die Kindergruppe) *überzeugt. Wie auch immer, es ist die angenommene Idee, die dann ihrerseits die Kinder und die Erzieher annimmt (...) Zusammengefaßt ist das, was bei der Versammlung ‚Was tun' herauskommt, die Idee eines Pfades, die Kinder und Erwachsene zu ihrem selbst gewählten Thema einschlagen werden. Es ist eine Arbeit, die zusammen gemacht werden soll, mit allen damit verbundenen Prozeduren, Formen und Entscheidungen über die Richtung des Weges, die zum Teil vorhersagbar sind, zum Teil gesucht werden, z. T. erst erdacht werden müssen. Es ist in der Tat ein Projekt, was abseits aller Orthodoxie erst in seinem Verlauf Gestalt annimmt. Oder, wenn man so will, ein Feld für Erfahrungen, Beobachtungen und Überlegungen, reserviert für Kinder und Erwachsene."* (Malaguzzi 1998, S. 10 u. 12)

In diesem Vorgehen wird deutlich: Das von Erziehern durch Beobachtungen entdeckte und (aus Sicht der Kinder) als bedeutungsvoll vermutet und (aus Sicht der Erwachsenen) als wichtig bewertete Thema wird zur Ideenrampe für Kinder und Erwachsene: Wünsche, Vorstellungen, Handlungsabsichten erhalten Raum und Zeit, um lebendig zu werden und „anzustecken". Der Pfad ins gemeinsame Lernabenteuer wird als Bild für alle Beteiligten präsent, zu dem sie sich in Beziehung setzen und ihr Wollen entwickeln können. Den Kindern wird das Wort erteilt, ohne dass es den Erwachsenen entzogen wird.

Beispiel 22: Projekt Schuh und Meter

Im Projekt „Schuh und Meter" wird anschaulich, wie sich Zusammenhänge von Beobachtungen, Planungen und Herausforderungen in der Beteiligung von Kindern entwickeln können.

„Die Wahrnehmung und das Erleben von Raum, Tönen, Dimensionen, Maßen und Zahlen gehören von Anfang an zu den kindlichen Lebenserfahrungen und Beziehungswelten. Unser modernes Leben ist von mathematischen Sprachen, Bezügen, Zeichen und Symbolen geprägt. Unsere Arbeit und Arbeitswerkzeuge, Zeichnungen, Kleidung und Schmuck, Häuser- und Straßenbau, Maße (Länge, Weite, Höhe, Gewicht, der Wert des Geldes usw.), alles ist eng mit geometrischer und arithmetischer Wahrnehmung verknüpft. Kinder nähern sich mathematischem Denken, wenn sie sich orientieren müssen, im Spiel und auch in der Unterscheidung verschiedener Sprachebenen, der Umgangs- und der beschreibenden Sprache. (...) Unsere Kinder werden fortwährend mit Zahlennamen und -bildern konfrontiert, mit Wörtern für Mengen und Maße. Die Kinder begegnen diesen Wörtern und benutzen sie, bevor sie ihren Sinn, ihre Bedeutung, ihre Anwendbarkeit und schließlich ihren Gebrauch verstehen. Wenn Erziehung wirklich lebensnah sein soll, muss die Schule (Anmerkung: gemeint ist hier die Kita) sich diesem Erfahrungsbereich stellen und ihn zum Gegenstand von Untersuchungen, von Studium und Lernen machen. In unserem Fall gehen die Kinder von einer wirklichen und erlebten Situation aus: Die Kinder brauchen einen neuen Tisch, um besser arbeiten zu können. Sie brauchen einen Tisch, der genauso ist wie die Tische, die sie bereits haben, mit denselben Maßen und derselben Form. Was ist zu tun? Die Kinder wollen zu einem Tischler gehen und ihn mit dem Bau des Tisches beauftragen. Aber wie sollen sie ihm zeigen, was für einen Tisch sie sich vorstellen? Der Tischler sagt: ‚Gebt mir die genauen Maße, ich mache euch den Tisch.' Die Kinder sagen, er würde alle nötigen Maße erhalten. Der Tischler fragt vorsichtig nach: ‚Aber könnt ihr denn schon messen?' Es ist eine große Herausforderung. Sechs Kinder stellen sich dieser Aufgabe, fünf Jungen und ein Mädchen im Alter zwischen 5,5 und 6,2 Jahren. Die Kinder kennen sich seit mehr als vier Jahren. Es ist das erste Mal, dass sie gemeinsam Maße und Messungen erproben. Sie haben weder Kenntnisse noch Erfahrungen auf diesem Gebiet.
Wir sind überzeugt, dass die Maße der beste und geeignetste Kanal sind, fünfjährige Kinder an eine Welt der Zahlen und mathematischen Sprachformeln heranzuführen. Der Versuch, die ‚Sonde', wie wir sie nennen, ist daher weder simuliert noch expe-

rimentell nachgestellt. Er entsteht aus einem Problem der Kinder. Wir, die Erzieher, wollen vor allem das Verhalten der Kinder in einem Lernprozess beobachten, um psychologische, kognitive und erzieherische Hinweise und Erklärungen zu erhalten: ein Stück Leben, von uns und von den Kindern.
Jede methodologische Strenge liegt uns fern. Wir vereinbaren mit den Kindern, vormittags zu arbeiten, die Arbeitsdauer soll sich aus den jeweiligen Situationen ergeben. Die Kinder sind nicht nur frei in der Wahl ihrer Wege, sondern auch in der Entscheidung, ob sie zusammen, in kleinen Gruppen oder allein arbeiten wollen. Wir möchten herausbekommen, wie und wann sie das Problem angehen. Es besteht kein Grund zur Eile. Die Kinder haben Zeit, nachzudenken, auszuprobieren, Ideen und Strategien zu entwickeln und zu verwerfen. Die nicht beteiligten Kinder der Gruppe werden über alles auf dem Laufenden gehalten. Zwei Erzieherinnen begleiten die Arbeit. Eine beobachtet und macht Videoaufnahmen. Die andere fotografiert. Die Erzieherinnen dienen den Kindern, soweit es möglich ist, als Rückenstärkung: Sie unterstützen und ermutigen vor allem, sind aber auch eine mögliche Anlaufstelle für Fragen. Sie schreiten nur ein, wenn die Aktion der Kinder ins Stocken gerät oder festgefahren ist, wenn die Kinder Wissen ausleihen müssen, eine neue Anregung brauchen (...) Die Untersuchung nimmt zehn Tage in Anspruch, vierzig bis fünfzig Minuten am Tag.
Die Komplexität dieser Prüfung hat die Arbeit der Kinder nie in Frage gestellt oder gelähmt. Im Gegenteil, je größer die Herausforderung, umso hartnäckiger – zwischen ernsthafter Konzentration und gemeinsamen spielerischem Nachdenken – wurden die Kinder." (Malaguzzi 2002, S. 14, 15)

Beobachtungen sind Türöffner zu Menschen und von ihnen zur Welt. Im Prozess des „Was tun" wird sich nicht auf die Beobachtungen und Einschätzungen der Erwachsenen allein verlassen, sondern die Kinder sind wichtige Beteiligte, zugleich handelnd Forschende und Ratgeber für die Sache und dafür, wie sie *ihre* Sache wird. Im Verlauf des Projekts treten Kinder und Erwachsene immer wieder in den Dialog, um ihre unterschiedlichen Beziehungen zur Sache, ihre Fragen und ihr Wissen miteinander zu verknüpfen. Die Herausforderung wächst, wird kompliziert, aber es wächst auch der Wille, sie zu meistern, sowie die Zuversicht, das zu können.

Teil III: Dokumentation von Beobachtungen

1. Bedeutung von Dokumentationen

Natürlich ist bereits jede schriftlich oder medial erstellte Beobachtung eine Dokumentation, indem sie ein zeitlich begrenztes Ereignis festhält. Dies geschieht zum Zwecke der Information und der Auseinandersetzung mit dem Geschehen über seinen eigentlichen zeitlichen Ablauf hinaus.

Unter Dokumentation versteht man eine geordnete Zusammenstellung und Nutzbarmachung von Fakten und Materialien, auch ein Zeugnis oder einen Nachweis von Ereignissen (vgl. Duden 1997).

Dokumentation soll in unserem Zusammenhang verstanden werden als eine gezielt aufbereitete Darstellung von Beobachtungen für einen bestimmten Personenkreis (Kinder, Erzieherinnen, Eltern) mit dem Ziel, zu informieren, zum Staunen und Nachdenken anzuregen, zu erklären, Verstehen und Teilhabe zu ermöglichen. Das sind sehr vielfältige und anspruchsvolle Sinnaussagen.

Ich unterscheide dabei drei Arten von Dokumentationen:

a) Dokumentation als Ereignisbericht

Dazu gehören Fotos (zum Beispiel von Festen, Projekten, besonderen Aktionen) oder die Ausstellung von Produkten (Zeichnungen, Werkarbeiten, Sammlungen), die mit Kindern oder von ihnen allein entwickelt worden sind. Solche Dokumentationen bündeln ausgewählte „Highlights" eines Ereignisses; sie vermitteln Atmosphäre, Stimmungen, Verbundenheit und Wiedererkennen für diejenigen, die beteiligt waren. Sie sind vor allem auf Teilhabe ausgerichtet. Sie haben insofern mit Beobachtungen zu tun, als die präsentierten Ausschnitte des Kindergartenalltags nur entstehen konnten, weil sie beobachtet, für die Dokumentation ausgewählt und in ihr hervorgehoben wurden.

Die möglichen Aussagen solcher Dokumentationen sind vielfältig und hängen sehr stark vom Publikum ab, das die Dokumentation anschauen soll. Das bedeutet, dass es wesentlich von der Beziehung des Publikums zu den dokumentierten Bildern oder ausgestellten Werken abhängt, welche Beeindruckung und welcher Sinngehalt sich vermittelt.

„Bilder präsentieren und repräsentieren Lebensweisen und Lebensformen. Bilder auslegen oder Welt in Bildern auslegen heißt, Lebenswelt verbinden, mit Erfahrungen, mit Erinnerungen und mit Handlungen. Daraus folgt die Vielfalt der Auslegungen." Bilder meinen dabei nicht nur „die äußerlich wahrnehmbaren produzierten Bilder (...), auch nicht die optischen Wahrnehmungen, sondern die inneren Bilder, die Vorstellungen, die wir in uns erzeugen." (Otto 1987, S. 20) Man könnte das Ziel solcher Dokumentationen in folgende Fragen fassen: „Was siehst du, was denkst du, was erinnerst du, was fühlst du, wenn du dir dieses Bild ansiehst?" (Otto 1987, S. 42)

Diese indirekte Aufforderung, sich auf das dokumentierte Ereignis teilhabend einzulassen, kann man in eine direkte Aufforderung umwandeln, das heißt, die Betrachter dazu auffordern, sich zu dem Gesehenen zu äußern (auf kleinen Karten, in einem beiliegenden Buch, als Über- oder Unterschrift zum Bild oder Werk). Damit würde aus einer Betrachtung eine Kommunikation werden können. Es entstünde ein Austausch über Beeindruckungen, an dem Kinder, Erzieherinnen und Eltern beteiligt wären.

b) Dokumentation als Nacherzählung

Eine Nacherzählung hält sich an den tatsächlich stattfindenden Prozess. Sie dokumentiert einen Verlauf, bzw. in unserem Zusammenhang eine oder mehrere Beobachtungen in der zeitlichen Reihenfolge des Geschehens.

Ihre Absicht ist es, zum einen über diesen Verlauf zu informieren, zum anderen aufmerksam zu machen auf Besonderheiten dieses Verlaufes, auf Bedingungen und Entwicklungsschritte. Was in alltäglichen Abläufen leicht verloren geht, wird in Beobachtungen festgehalten; die Dokumentation konzentriert sich auf Aussagen und Erkenntnisse dieser Beobachtungen. Insofern beinhaltet auch die nacherzählende Dokumentation bewusste Aussagen, Hinweise; sie lenkt die Aufmerksamkeit auf bestimmte Fragen. Sie versucht, neben der Nacherzählung eines Verlaufs auch ein Verstehen zu dokumentieren.

Beispiel 23: Boris

Philipp (3;6) und Boris (3;6) spielen auf einem Teppich mit Lego. Boris: „Das ist das Raumschiff Enterprise, Philipp, und da kommt der Qualm raus, blauer Qualm." Boris zeigt Philipp sein Fluggerät.

Philipp zu Boris: „Guck mal, Boris, ich habe auch ein Raumschiff!" Er hält sein Gebautes hoch.
Boris: „Oh, toll!" Er fliegt mit seinem Raumschiff (im Sitzen) umher und baut daran weiter. Dann: „Guck mal, wie meins jetzt aussieht!"
Philipp schaut nicht auf, baut weiter an seinem eigenen Raumschiff.
Boris: „Philipp, mein Raumschiff hat eine Antenne!" Er nimmt eine weitere Antenne, hält sie Philipp hin (der jetzt aufschaut) und sagt zu ihm: „Hier, Philipp, eine Antenne für dein Raumschiff!"
Philipp: „Nein", und baut weiter.
Boris: „Das brauchst du aber!"
Philipp schaut hoch: „Nein", baut weiter.
Boris: „Dann nehme ich zwei. Ich mach jetzt eine Enterprise draus." Er befestigt die zweite Antenne.
Philipp setzt zwei Legomännchen in sein Raumschiff, spricht dabei vor sich hin: „Ich brauch noch eins!" Dann dreht er an einem großen Rad, das an seinem Raumschiff befestigt ist, und sagt: „Guck mal, Boris, ich habe eine Windmühle." Boris fliegt mit seinem Flugzeug, macht laute Fluggeräusche und reagiert nicht auf Philipp.
Philipp zur Erzieherin: „Der geht immer wieder ab!" Er versucht, einen Baum auf dem Raumschiff zu befestigen.
Erzieherin: „Vielleicht versuchst du es mit einem anderen Baum?"
Philipp probiert es aus; es gelingt: „Ha, ha, guck mal!" Er sieht noch einen Baum und reicht ihn Boris: „Hier, Boris, für dich."
Boris: „Danke", befestigt den Baum und sagt: „Ich hab auch einen Baum!" Er zeigt sein Raumschiff und ruft: „Meins ist fertig!" Er steht auf und fliegt mit seinem Raumschiff durch den Gruppenraum.
Philipp macht laute Fluggeräusche und ruft: „Meine Rakete, meine Rakete!" Er rennt hinter Boris hinterher.
Boris sagt: „Nicht so laut, Philipp" und läuft weiter durch den Raum. (Schmidt 1994)

Diese Beobachtung hält einen Kommunikations- und Spielablauf fest. Um als Dokumentation zu taugen, die etwas vermitteln kann, muss sie bearbeitet werden. Bearbeiten heißt, sie aufzuteilen, zu konzentrieren, um das Augenmerk und das Verstehen auf bestimmte Prozessmerkmale zu lenken. Derjenige, der mit dieser Beobachtung etwas dokumentieren will, muss sich zunächst sehr eindringlich um sein eigenes Verstehen bemühen. Erst dann wird es gelingen, eine Struktur für die Dokumentation zu entwickeln. Dazu bieten sich in diesem Beispiel zwei Stränge an: Die Gestaltung des Raumschiffes und der Kooperationsprozess zwischen Philipp und Boris.

Beispiel 24: Raumschiffe

Beide Kinder bauen an ihrem eigenen Raumschiff. Boris benennt sein Werk als Raumschiff Enterprise, aus dem blauer Qualm rauskommt. Dann baut er eine Antenne an sein Raumschiff, und als Philipp die angebotene Antenne nicht übernehmen will, entscheidet sich Boris, sie als zweite Antenne an seinem Raumschiff zu befestigen. Das kommentiert er mit „ich mach jetzt eine Enterprise daraus".
Philipp setzt zwei Legomännchen in sein Raumschiff und bezeichnet ein Rad, das er montiert hatte, als Windmühle. Dann befestigt er einen Baum auf seinem Raumschiff und kann Boris dazu anregen, ebenfalls einen Baum zu übernehmen. Philipp bezeichnet sein Raumschiff als Rakete.
Während des Bauens lassen beide Jungen ihre Raumschiffe immer wieder fliegen, bleiben dabei aber sitzen. Als die Raumschiffe fertig sind, laufen sie mit ihnen durch die Gruppe und machen laute Fluggeräusche.

In dieser Dokumentation werden jetzt „Muster" im Spiel deutlicher: wie sich die Raumschiffidee während des Spiels entwickelt – und nicht ein einmal gefasster Plan einfach umgesetzt wird; welche Rolle bei dieser Entwicklung gegenseitige Anregungen der beiden Jungen sowie vorhandenes Material spielen. Vieles verstehen wir nicht in dieser Spielsequenz: Was soll der Baum, die Windmühle? Die Kinder haben damit keine Probleme, sie müssen sich nichts erklären. Sie wissen, was sie ausdrücken wollen, ohne sich umständlich abzusprechen.

Dieses für uns Unverstehbare finden wir in vielen Spielen von Kindern. Unsere Aufgabe ist es, uns neugierig dafür zu interessieren, was die Kinder mit ihrem Handeln suchen und finden möchten, welche Fantasien sie dabei gestaltend entwickeln. Die Bedeutung, die Kinder Ereignissen, Dingen und Beziehungen beimessen, müssen wir ebenso achten wie die Sprache, in der diese Bedeutung kommuniziert und lebendig wird. Dazu sind solche Dokumentationen eine hervorragende Möglichkeit.

Das interessierte und genaue Hinschauen auf Tätigkeiten von Kindern macht – und zwar entgegen dem ersten Augenschein – sichtbar, dass diese Tätigkeiten immer Prozesse sind, in denen Erfolge und Niederlagen, eigene Ideen und Orientierung an anderen, eigener Wille und Anpassung miteinander geschehen. Diese Tätigkeiten sind keine linearen Abfolgen von einem Ausgangspunkt zu einem festgelegten Endergebnis, sondern Netze, die unterschiedliche Spannungen aushalten müssen und beständig weiter geknüpft werden. Die Knoten des Netzes sind Sicherheiten, die das Kind für sich findet, Einzigartigkeit und Zugehörigkeit, die es erfährt und die es tragen. Tatsächlich findet auch in dem Beispiel „Raumschiff" Lernen statt, unspektakulär, versteckt im Handlungsnetz.

Die Erfahrung zeigt, dass Kinder nicht erwarten, dass wir ihre geheimnisvollen Zusammenhänge alle verstehen und entschlüsseln, denn ihr Verstehen finden sie im Zusammenspiel mit anderen Kindern. Aber: Sie prüfen uns daran, ob wir auch das Unverstandene als ihre Wichtigkeiten und Entwicklungswege achten – und damit sie selbst respektieren!

Eine zweite Möglichkeit, diese kleine Spielszene als Dokumentation zu nutzen, ist, das Augenmerk besonders auf die Kommunikation und Kooperation zu richten, die von beiden Jungen entwickelt wird.

Beispiel 25: Kooperation

Boris zeigt Philipp sein Raumschiff ... Philipp sagt, er habe auch ein Raumschiff und fordert Boris auf, es sich anzusehen ... Boris: „Oh, toll!" ... Boris zu Philipp: „Guck mal, wie meins jetzt aussieht" ... Philipp sieht nicht hin ... Boris: „Philipp, mein Raumschiff hat eine Antenne" ... Philipp sieht auf ... Boris will Philipp eine Antenne für sein Raumschiff geben ... Philipp: „Nein" ... Boris: „Das brauchst du aber!" ... Philipp schaut hoch, sagt „nein" ... Philipp zu Boris: „Guck mal, Boris, ich habe eine Windmühle" ... Boris reagiert nicht ... Philipp gibt Boris einen Baum für sein Raumschiff: „Hier, für dich" ... Boris: „Danke", befestigt den Baum: „Ich habe auch einen Baum" ... Boris läuft, um sein Raumschiff fliegen zu lassen ... Philipp läuft hinter Boris her, lässt sein Raumschiff auch fliegen ... Boris: „Nicht so laut, Philipp!"

Die Nacherzählung des Ablaufs mit dem besonderen Blick auf die Kooperation zwischen den Kindern bewirkt eine besondere Konzentration auf die Beziehung der Kinder. Die Dokumentation ermöglicht über diese Hinwendung einen kleinen Blick in das „Drehbuch" der Kinder. Sie ermöglicht die Suche nach Verstehen, weil die Landkarte, auf der man sucht, deutlich präsentiert ist.

c) Dokumentation als deutende Erzählung

Die eben vorgestellte Art der Dokumentation als Nacherzählung *„ist zweifelsohne nützlich und wertvoll, denn sie liefert genügend Material, um Gedanken und Ereignisse* *neu zu ordnen und zu strukturieren. Dennoch wird dabei eine pädagogische Wahrheit außer Acht gelassen, eine Wahrheit, die im „Kleinen Prinzen" von Saint-Exupéry benannt wird: Das Wesentliche ist für die Augen unsichtbar. Mit anderen Worten: Worauf es in der Kindererziehung ankommt, lässt sich auf einem Foto nicht festhalten, es lässt sich nicht filmen und registrieren, denn oft unterliegt es den unterschiedlichen Interpretationsmöglichkeiten. Wenn es uns aber interessiert, wie das Kind seine Umwelt wahrnimmt und ihr begegnet, wenn wir die Entstehung und Entwicklung seiner Wahrnehmung erforschen und mehr über seine Gedankengänge und Handlungsschritte erfahren wollen, dann dürfen wir nicht das dokumentieren, was um das Kind herum geschieht, sondern vor allem das, was sich unserer Meinung nach im Kind selbst abspielt.*

Wir müssen daher versuchen, das, was möglicherweise im Kind vorgeht, zu interpretieren, die nicht sichtbaren, aber dennoch außerordentlich bedeutungsvollen Aspekte innerhalb des kindlichen Wachstumsprozesses zu erfassen (...)

Aus diesem Grund glaube ich, dass die Dokumentations-Erzählung, die also erzählt und nicht nur nacherzählt und beschreibt, eher geeignet ist, pädagogische Vorgänge zu lesen und zu erfassen und ihre Bedeutung zu erforschen. Ein Nachdenken über das Tatsächliche oder besser die Befähigung zu einem Nachdenken über das Tatsächliche wird somit in Gang gesetzt." (Spaggiari 2002, S. 7, 8)

Folgt man diesen Ausführungen aus Reggio, so bedeutet das: Beobachtungen sollten – wie schon ausgeführt – vollständig auf Beurteilungen und Interpretationen verzichten, nur das aufnehmen, was gesehen und gehört werden kann. Die Dokumentation dagegen hat die Aufgabe, zu dekodieren, zu entschlüsseln, also Bedeutungsarbeit zu leisten, allerdings mit genauem und sorgfältigem Bezug auf die Beobachtungen.

Allerdings muss solche Bedeutungsarbeit in der Anwaltschaft für Kinder geschehen; mit der Absicht, als Dolmetscher tätig zu sein, damit vieles von dem, was unverstanden oder missverstanden bliebe, durch die Dokumentation verstehbarer wird. Diese Bedeutungsarbeit bleibt allerdings immer – und das darf nicht vergessen werden – wie auch jede Beobachtung eine subjektive Interpretation, eine Konstruktionsarbeit desjenigen, der diese Arbeit leistet und dokumentiert. Aber gerade weil vieles von dem, was Kinder tun, an der Oberfläche als heitere Geschäftigkeit wahrgenommen, aber nicht mit „dem Ernst des Lebens" in Zusammenhang gebracht wird, ist es wichtig, mit Hilfe von Dokumentationen die Selbstbildungstätigkeit von Kindern sichtbar zu machen, sie in ihren Schritten nachzuerzählen und in ihrer Leistung und Bedeutung zu interpretieren und wertzuschätzen.

2. Dokumentation als Bildungschance

Unter Bildung verstehe ich zum einen, sich Bilder zu erarbeiten über Geschehen und Zusammenhänge; also – im Zusammenhang unseres Themas – Anschaulichkeiten darüber zu erwerben, was Kindern geschieht und was Kinder selbst als Geschehen konstruieren. Aber Bildung geht über Vorstellungen hinaus: Aus wahrgenommenen und angeeigneten Bildern werden verstandene und kommunizierbare Bilder. Ein solcher Bildungsprozess besteht aus folgenden Lernanforderungen:

„Ich mußte lernen, das zu sehen, was wirklich geschieht und mich mit eigenen Interpretationen und Deutungen sehr zurückhalten; das, was ich sah, mit Hilfe von Fragen und Hypothesen zu entschlüsseln und mir darüber bewußt zu sein, daß meine Beobachtung nichts Eindeutiges sein kann, bestenfalls eine Annäherung an das jeweilige Kind; Geduld aufzubringen, weil es lange Zeit dauerte, bis sich die Fähigkeit einstellte, zu entschlüsseln, was Kinder mir mitteilten; im Team den Ort zu finden, wo ich mit Kolleginnen über solche scheinbar unwichtigen Dinge reden konnte, wie etwa die Frage zweier Kinder: „wie das Wasser in das Eis gekommen ist, das beim Tauchen wieder herausfließt?"; mich als Erwachsener vor allem mit jeder Art von Wertungen zurückzuhalten und dem kindlichen Ausdruck mit Respekt und Wertschätzungen zu begegnen …" (Klein 1997, S. 201, 202)

Dokumentationen sind Mitteilungen über Wahrgenommenes und ihre Entschlüsselung; sie bemühen sich um das Sichtbarmachen von Strukturen, Mustern, Gesetzmäßigkeiten und um mögliche Erklärungen dafür; sie geben darüber hinaus Ereignissen ein lebendiges Gesicht, machen sie miterlebbar.

Voraussetzungen für Dokumentationen

Solche Dokumentationen setzen mindestens drei Erfahrungen, die gelernt werden müssen und können, voraus:

Erstens die Teilnahme und Teilhabe an den Mitteilungen und Ausdrucksformen von Kindern. Dazu braucht man (oder muss erwerben) Neugier, Empathie, Wissen und Leidenschaft für Neues. Zweitens die Fähigkeit zu verstehen. Das beinhaltet „erkennen können, einordnen können, einschätzen können, genießen können" (von Hentig 1996, S. 168), Fragen stellen und Hypothesen entwickeln können. Und drittens: Sich ausdrücken und in einer Weise mitteilen, dass auch anderen Menschen Neugier und Verstehen ermöglicht wird. Dazu gehört: „sich vorstellen können, erfinden können, gestalten können" (von Hentig 1996, S. 168), von der Notwendigkeit und Möglichkeit überzeugt sein, dass es immer geeignete Wege der Mitteilung gibt.

Darüber hinaus wird mit Dokumentationen Verantwortung übernommen, Rechenschaft abgelegt über das eigene Wissen, die eigene Erfahrung, das eigene Verstehen. Rechenschaft ist nicht das gleiche wie Rechtfertigung: Erzieherinnen verteidigen nicht, dass sie aus ihrer Sicht richtig handeln und verstehen, sondern sie legen Rechenschaft darüber ab, wie sie zu ihren Richtigkeiten finden. Je dialogischer dies geschieht, umso mehr besteht die Chance, Kolleginnen, aber auch Kinder und Eltern, für ein Verstehen zu gewinnen, das sich an der Sache orientiert, die Kinder als ihre Sache bewältigen, erkunden und gestalten.

Dokumentationen – so verstanden – setzen bewusst Maßstäbe und treten für diese werbend ein; werbend meint hier: um Verständigung und Teilhabe ringend für die Antwort auf die Frage: Wer ist das Kind?

Beispiel 26: Kinderfragen

Ein Kind erlebt den ersten Sonnenuntergang am Meer und fragt: „Warum hat es nicht gezischt?" (Doehlemann 1985, S. 47) Das Kind hat dieses Phänomen nicht nur gesehen, sondern als intensives Sinnenerlebnis mit solchen Erfahrungen aus seinem Leben verknüpft, die geeignet scheinen, das Neue zu verstehen. Die glutrote Sonne erinnert an „heiß", das Wasser des Meeres an „kalt". Das Kind muss das Ergebnis des Aufeinandertreffens von „heiß" und „kalt" schon einmal ganz praktisch erfahren haben: es zischte nämlich. Die Repräsentation dieser Erfahrung wendet es jetzt auf das für ihn neue Schauspiel an. Warum zischt es in dieser Situation nicht? Ist seine bisherige Theorie falsch? Es will verstehen, also nachvollziehen, warum etwas anders ist, als es aus seinem bisherigen Wissen zu vermuten wäre. In seiner Frage steckt deshalb nicht nur spontane Neugier, sondern ein Nachdenken, Vergleichen, Erinnern, Schlussfolgern, also eine persönliche Erfahrungs- und Wissensgeschichte. Es ist unwichtig, dass in der Frage selbst ein „Fehler" steckt, denn die Sonne versinkt ja nicht als heißer Körper im kalten Meer – es sieht nur so aus. Doch, obwohl wir Erwachsenen das wissen, sagen wir „die Sonne versinkt im Meer" und sind damit mitten in den Bildern, die das Kind beschäftigen.

Hierin liegt auch die Chance, Kindern in ihren Gedankengängen folgen zu können, sich nicht korrigierend über sie zu stellen, sondern sich *im Bild* mit ihnen auszutauschen und sich in Ruhe der wichtigen Frage hinzugeben, warum es denn nun nicht gezischt hat. Welche Gründe fallen dem Kind ein? Wie können wir mit dem Kind zusammen herausfinden, was die Antwort sein könnte?

Versuchen wir, es durch unser Interesse, unsere Beachtung und die Zeit, die wir uns für seine Frage nehmen, zu ermutigen, um eine Antwort zu finden, die es befriedigt.

„Der Schnee ist abgeerntet" (Doehlemann 1985, S. 33) Dieser Satz von Max (fast 4 Jahre alt) erklärt mit einem Bild, welches Ereignis er beschreiben will: Der Schnee ist weg. Ist er geschmolzen oder ist er beseitigt worden? Max verfügt offensichtlich über eine lebendige Erfahrung, die ihm hilft, diesen Vorgang in Worte zu fassen, nämlich die Ernte, bei der ebenfalls etwas, das einmal da war, entfernt wird. Max hat für dieses Ereignis den Begriff „abernten" gelernt, das heißt, dass er für einen bestimmten Vorgang über ein Wort verfügt, mit dem er sich verständigen kann. Als er die Sache mit dem Schnee erlebt, gibt es dafür kein Wort, also wählt er jenes, das er kennt und das seiner Meinung nach das Ereignis beschreiben kann. Und in der Tat: auch wenn wir Erwachsenen wissen, dass man Schnee nicht „aberntet", so haben wir doch keinerlei Probleme, zu verstehen, was Max für uns ins Bild setzt. Max stellt nicht nur etwas fest, sondern mit seiner Wortwahl erzählt er zugleich eine Geschichte über sich selbst: über ein Erlebnis (Schnee), über eine Beeindruckung, die Wissen geworden ist (Ernte) und über sein Denken (den Schnee mit Hilfe der Ernte erklären).

Diese oder ähnliche Beobachtungsbeispiele sind es wert, in ihrer Bedeutung dokumentiert zu werden, denn sie zeigen, dass „Kindermund" keine liebenswerte Naivität ist, sondern eine Lernleistung, die Beachtung und Anerkennung verlangt. Hier drücken Kinder Gedanken und Hypothesen aus über etwas, was ihrer Aufmerksamkeit begegnet ist und das sie deshalb zu ihrer wichtigen Sache machen. In ihren Hypothesen sind Feststellungen und Schlussfolgerungen formuliert, gewonnen aus Erfahrungs-, Wunsch- und Denkgeschichten.

Bedeutung und Lernleistung solcher Aussagen könnten im Mitarbeiterteam diskutiert, ein gemeinsames Verstehen erarbeitet und dieses dann in einer Dokumentation zum Ausdruck gebracht werden.

Inhalte von Dokumentationen

Im Vergleich mehrerer Aussagen könnte der Frage nachgegangen werden, wie Kinder zu ihren Einsichten und Erklärungen finden, welche Annahmen sich hinter ihren Fragen verbergen. In diesem Vergleich würden Muster deutlich, wie sie im Begleittext zu den Beispielen bereits angedeutet wurden, die durch eine Dokumentation verstehbar würden. In den „heiteren, unscheinbaren" Fragen der Kinder würde das Wesentliche sichtbar werden, nämlich die Kinder selbst als denkende und suchende Menschen, die sich aktiv mit ihrer Umgebung befassen, um sie verstehen zu können.

Dokumentationen müssten zum Ziel haben, Art, Qualität und Vielfalt des Prozesses darzustellen, dessen Produkte die Arbeit von Kindern sind: „auf die Vielfalt ihrer Quellen (Augen, Ohren, Beobachtung, Absicht, Gedächtnis, Vernunft, Tastsinn, Konzeptbildung, Symbolbildung, Phantasie, Gefühle, soziales Empfinden, ebenso wie Hartnäckigkeit, Erwartungen, Wünsche etc.), die alle zusammenwirken müssen, damit die Kinder fähig werden, dem Druck fertiger Modelle zu widerstehen" (Wenn das Auge über die Mauer springt 1988) und stattdessen mit zunehmender Kompetenz selbst erforschen und verstehen, was sie entdeckt haben.

So lassen sich verschiedene Beobachtungen unter bestimmten Fragestellungen zu Dokumentationen strukturieren und veranschaulichen: Was sind Themen von Kindern? Woher gewinnen sie ihre Themen? Wie äußern sie Gefühle, Wünsche, Einsichten? Wie schließen sie Freundschaften, wie streiten sie miteinander und was sind dabei ihre Anliegen? Was wählen Kinder zum Spielen aus und was tun sie mit dem Material? Was bewältigen Kinder selbstständig? Wozu holen sie sich Hilfen? Von wem holen sie sie? Welche Fragen stellen Kinder? Wem stellen sie sie und wie stellen sie sie? Was unternehmen sie, um Antworten zu finden?

Diese und viele andere Fragen können mit Hilfe von Beobachtungen im Team erarbeitet werden. Die Auseinandersetzung damit ist insofern ein Bildungsprozess, indem alle Beteiligten erfahren können, dass ihr Respekt, ihr Verstehen und ihr Wissen sich weiterentwickeln. Sie würden auch verstehen, inwieweit sie Teil dessen sind, was die Kompetenz der Kinder entwickelt; dass sie von Kindern lernen und Kinder von ihnen; dass Bildung sich im wechselseitigen Begegnungsprozess ereignet.

Ohne Beobachtungen bliebe dies ungenau und verallgemeinernd. Es geht aber bei Beobachtungen wie auch bei Dokumentationen nicht ums Verallgemeinern, sondern um die Vertiefung; darum, im Besonderen das Allgemeine zu entdecken und im Allgemeinen das Besondere zu suchen.

Eines von vielen möglichen Dokumentationsbeispielen soll dies noch einmal veranschaulichen.

Beispiel 27: Gruppenanalyse

Die Gruppenanalyse wird zweimal im Jahr erstellt, im Januar und vier Wochen nach Beginn des Kindertagesstättenjahres. Der Zeitaufwand umfasst nicht mehr als 1,5 bis 2 Stunden. Es ist nicht das Ziel, die Gruppe „vollständig" und allgemeingültig zu durchleuchten. Vielmehr soll herausgefunden werden, worauf die Erzieherinnen ihre pädagogische Planung konzentrieren könnten. Die Gruppenanalyse beinhaltet

sieben Bereiche und zu jedem Bereich zwei Spalten: Analyse und Arbeitspakete. Arbeitspakete sind praktische Schlussfolgerungen und konkrete Maßnahmen.
Die Bereiche lauten:
1. Alter der Kinder
2. Entwicklungslöcher
Fehlen für ein oder mehrere Kinder Betätigungsmöglichkeiten in den Räumen oder den Alltagsabläufen?
3. Spielgruppen und Spielkultur
Die Zusammensetzung von Spielgruppen und die Spielformen und Spielthemen geben z. B. Hinweise darauf, welche Kinder isoliert sind oder welche Konsequenzen für Raumgestaltung, Materialauswahl und zeitliche Abläufe gezogen werden müssen.
4. Freundschaftsgruppen
Welche Kinder finden sich unabhängig von bestimmten Spielen über längere Zeiträume zusammen?
5. Einzelkinder
Welche Kinder sind weder in Spielgruppen noch in Freundschaftsgruppen integriert?
6. Verselbstständigung des Alltags
Welche Bereiche des Alltags werden von den Kindern selbstständig genutzt, und wo sind sie auf Hilfe angewiesen? (...)
7. Gruppenthemen (...)
Mit den Arbeitspaketen, die aus den Beobachtungen folgen, legt das Team fest, was zu tun ist ... (Klein 1997, S. 228)

Diese Dokumentation ist vor allem auf das Handeln der Erzieherinnen ausgerichtet, soll ihm Richtung und Begründung geben. Sie kann im Team wichtige Qualitätsdiskussionen auslösen, die regelmäßig neu aufgenommen und fortentwickelt werden. Auch in diesem Beispiel ist die Dokumentation kein Selbstzweck (um sich zu präsentieren), sondern eine Sammlung und Auswertung, die nur mit vielen vorherigen konkreten und sorgfältigen Beobachtungen Sinn herstellt.

Die Dokumentation strukturiert verschiedene Beobachtungen, fasst sie zusammen, ordnet sie; sie formuliert Aussagen, Hypothesen und Fragen. Sie drückt einen Erkenntnisstand aus, führt aber zugleich zu neuen Erkenntnissen.

Unabhängig davon, für welchen Anlass eine konkrete Dokumentation erstellt wird und für wen sie gedacht ist: In der gemeinsamen Auseinandersetzung über ihre Inhalte, Gestaltung und Ziele entsteht für die Beteiligten Bildung.

3. Dokumentationen für Kinder und mit Kindern

Für Beobachtungen und für Dokumentationen gilt gleichermaßen: Die Würde des Kindes ist unantastbar. Kinder sind mit diesem Recht davor zu schützen, dass über sie hinweg gehandelt wird, dass über sie als Erziehungsobjekte oder „Fälle" verfügt wird! Da Kinder sich selbstbildend und wachsam mit der Welt und ihrem Verhältnis dazu auseinander setzen, beobachten, was um sie herum und mit ihnen geschieht, ist es ein unterstützender Weg, mit Kindern und für sie zu dokumentieren, welche Fragen und Themen dabei entstehen und wie welche Antworten gefunden werden.

Es ist auch eine gute Möglichkeit für Erwachsene, Kindern in Dokumentationen neue Perspektiven zu zeigen und „die Welt" zu öffnen, also Angebote und Herausforderungen zu schaffen, die an die Themen der Kinder direkt anknüpfen oder sich mit ihren Themen verbinden lassen. Wenn Kinder selbst diese Verbindungen erkunden und entdecken, unterstützt man sie bei ihrer verknüpfenden Wahrnehmungstätigkeit und dem Aufbau von Schlussfolgerungen.

Fragen und Erkundungen dokumentieren

Beispiel 28: Schnupfen

5-jährige Kinder beschäftigen sich damit, wie „das Wasser" in die Nase kommt und Schnupfen entsteht.

„Wenn man in ein Schwimmbecken springt, dann haben da schon viele Leute reingepinkelt. Dann trinkt der Mensch oder das Kind das Wasser beim Tauchen und dann kommen Bakterien in den Mund. Dann bekommt man schlechte Zähne, das Wasser kommt aus der Nase und man hat Schnupfen."
„Das Wasser kommt in die Nase durch das Wasser, das wir trinken. Dann kommt Tränenwasser."
„Vom Wasser, vom Mineralwasser kommt der Schnupfen."
„Wenn man kalte Füße hat, erkältet man sich. Dann kommt das Wasser in die Nase. Wenn man ohne Socken im Winter rausgeht, werden die Füße wie Eis. Dann ist einem sehr kalt und man friert. Danach kommt Wasser in die Nase."
„Wenn man im Winter ohne Jacke nach draußen geht, dann kriegt man Schnupfen, weil dann Bakterien in unsere Nase kommen und die Haut in der Nase beißen. Immer, wenn sie beißen, kommt Wasser aus der Nase." „Wo kommt das Was-

ser her?" „Wir trinken doch immer Saft und Kakao und Wasser. Das kommt mit dem Hals runter, dann kommt es nach oben und durch die Nase raus, wenn wir Schnupfen haben. Manchmal kommt es auch durch die Augen, wenn wir weinen und traurig sind."
„Das ist kein Wasser in der Nase, das ist Schnupfen!"
„Das Wasser ist in der Nase immer da. Wenn es kalt ist, kommt es durch die Nase wieder raus. Und wir müssen immer ein Taschentuch haben." „Wer macht das, was du grad beschrieben hast?" „Unser Körper." „Einfach so?" „Nein, mein Kopf hat ein Gehirn. Es macht das." „Also, du meinst, das Gehirn bestimmt alles?" „Ja." „Wie, kann das Gehirn reden?" „Nein, wir sehen nichts. Es redet mit der Nase. Es bestimmt alles." „Ach so. Ist das so?" „Ohne Gehirn können wir Menschen nichts machen. Was wir machen sollen, es sagt uns das. Und wir tun, was es möchte."
(Resai Adriani 2000)

Wie könnte man diese Beobachtungsprotokolle mit Kindern zu einer Dokumentation gestalten?

Man könnte: die Kinder bitten, zu den einzelnen Aussagen Zeichnungen anzufertigen, um ihre Hypothesen ins Bild zu setzen, also zu veranschaulichen; man könnte zusätzliche Geschichten aufnehmen darüber, wie es sich anfühlt, Wasser oder Schnupfen in der Nase zu haben; man könnte Bilder von verschnupften und gesunden Nasen sammeln sowie Dinge, die Menschen benutzen, um den Schnupfen wieder los zu werden; man könnte beides ergänzend zum Text präsentieren; man könnte mit den Kindern zusammen einen Kinderarzt befragen, was es mit dem Schnupfen auf sich hat, und sein Foto sowie seine Antworten in die Dokumentation aufnehmen …

Entscheidend ist, dass auch Dokumentationen mit Kindern nicht nur eine Tatbestandsaufnahme sein sollten, sondern zu Verknüpfungs-, Vergleichs-, Vertiefungs- und Erweiterungsarbeiten werden. So wird den Kindern die Bedeutung und Herkunft ihrer Gedanken bewusster: Ich weiß etwas zu dem Thema, weil ich Erfahrungen habe; mein Wissen lässt sich erweitern, hat aber Bedeutung für mich und andere. Indem sie ihre Erfahrungen und Gedanken dokumentieren, erweitern sie sie; und: Sie machen sie kommunizierbar.

Lesende Erwachsende könnten gebeten werden, auch ihre Erfahrungen und Ansichten zur Entstehung des Schnupfens mitzuteilen. So hätte eine Dokumentation Diskurswert, würde eine Sache, die alle Menschen betrifft, auch zu einer Sache aller machen.

So können aus Dokumentationen Projekte entstehen. Statt einen Prozess abzuschließen und sein „Ergebnis" festzuhalten, würde die Dokumentation neue Erfahrungs- und Lernmöglichkeiten eröffnen, bei denen die Kinder – und das ist entscheidend – Akteure bleiben. Viele Gespräche mit Kindern ließen sich über den Weg der Dokumentation zu Lernereignissen ausweiten, indem spontane und situativ wichtige Themen in ihrer Komplexität erkundet und verstanden werden können.

Dokumentationen sind Materialisierungen: Sie zeigen Gedanken, schaffen Bilder und Begriffe für Fantasien und Erfahrungen. Wenn Verstehen auch meint, sich ein Bild machen zu können, dann leisten dazu solche Dokumentationen Wichtiges.

Aufgaben Erwachsener bei Dokumentationen

Die Redensart „vier Augen sehen mehr als zwei" kann die doppelte Aufgabe von Erwachsenen deutlich machen, die mit Kindern und für Kinder dokumentieren. Mit ihren eigenen Beobachtungen lernen Erwachsene fortschreitend mit den Augen von Kindern zu sehen und zu verstehen. In ihrer aktiven Rolle bei Dokumentationen kann ihr eigenes Sehen und ihr Sehen mit den Augen der Kinder sichtbar werden: Durch Ergänzungen, Zuspitzungen, Hervorhebungen, vorsichtigen Erklärungen, Fragen wird das Sehen von Kindern mit dem Sehen Erwachsener ergänzt und vermittelt.

„Ein Kind erfährt die Welt hauptsächlich durch das Sehen und den Tastsinn, und es liegt in seiner Natur, auf die Erfahrung mit dem Schaffen von Abbildungen zu reagieren." Es geht dem Kind dabei *„um den Kampf mit der verwirrenden Unordnung der Erfahrungswelt (…) Dabei zeigt sich von vornherein, daß Abbildung keineswegs auf eine bloße Kopie abzielt. Vielmehr dient sie dazu, die Struktur des Gesehenen für das Kind zu erklären. Sie ist ein vortreffliches Mittel, wenn man sich in der unübersichtlichen Welt zurechtzufinden hat. Dazu wird eine besondere Strategie entwickelt. Einerseits mustert das Kind die einzelnen Bestandteile der Sinneswelt und macht sich klar, wie diese aufgebaut sind. Andererseits aber lernt es auch, diese in ihrem größeren Zusammenhang zu sehen. Die Analyse und Organisation der Dinge beginnen mit den einfachsten Formen und gelangen schrittweise zu immer komplizierteren."* (Arnheim 1995, S. 15 u. 18)

Analyse und Organisation der Dinge ist auch das, was in Dokumentationen gestaltet und sichtbar gemacht werden soll. Da wir die Dinge nicht so sehen, wie sie sind, sondern so, wie wir sind, sehen die Augen von Kindern und Erwachsenen unterschiedlich. Das ist schon mehrmals in anderen Kapiteln hervorgehoben worden. In Dokumentationen können beide Sehweisen zusammentreffen, allerdings so, dass die Augen der Erwachsenen nicht die der Kinder beherrschen. Die Augen der Erwachsenen sollen dagegen helfen, dass Kinder mit ihren eigenen Augen „ihr

Denken sehen" können. (Magritte in Vielhaber 1988, S. 16) Das heißt, dass Kinder immer besser über ihre Erfahrungen, ihr Können und Verstehen verfügen können. Aus Reggio sind die Sätze „Wenn das Auge über die Mauer springt" und „Das Auge schläft, bis es der Geist mit einer Frage weckt" bekannt geworden. Auch sie drücken aus, dass Sehen, Beobachten, Verstehen aufeinander bezogen sind. „Das Auge und der Verstand des Kindes verlangen nach Hilfe, das Bleibende und den Wandel der Dinge aufzunehmen und dabei das Wesentliche der neuen Beziehung zu entdecken." (Malaguzzi in Hermann 1987, S. 25)

Beispiel 29: Löwe

Auf dem Markt in Reggio/Emilia, vor der Kirche, steht das Wahrzeichen der Stadt: der steinerne Löwe. Jedem Kind ist er bekannt. Tiere haben eine große Anziehungskraft auf Kinder. Oft sind es tägliche Erlebnisse im positiven (Freundschaft, Zärtlichkeit) oder negativen Sinn (Angst), die die Anziehungskraft verursachen.
Annäherung an das Objekt: Die Kinder besuchen den Löwen. Sie gehen über den Markt, kaufen Obst oder Blumen und nähern sich dem Löwen. Die Welt des Kindes, sein Körper, seine Sinne, trifft auf die Beziehungswelt „Löwe". Sie erleben das Objekt in seiner Umgebung.
Bekanntwerden mit dem Objekt: Der steinerne Löwe wird betrachtet, befühlt, die Kinder reiten darauf. Sie erkunden das Objekt im ganzen und in seinen Teilen. Jedes Kind wählt sich einen besonderen Bereich: Augen, Maul, Fell, Tatzen, Schwanz. Die Erzieher nehmen die Gespräche der Kinder auf Tonband auf und machen Dias.

Die Vertiefung der Erfahrungen und die Auseinandersetzung mit dem Objekt: Fotos, Dias, Orangen, Blumen, Geräusche und Gespräche sind vom Markt mitgebracht worden. In der Kindertagesstätte wird nun mit dem Material erzählt und gespielt, was erlebt wurde. Durch Betrachtung der Dias an einer riesigen Leinwand entsteht bei den Kindern starke emotionale Anteilnahme und Öffnung.
Der Löwe wird beschrieben: Wo befindet er sich (in welchem Zusammenhang?) Wie sieht er aus? Was hat er für einen Charakter? Was frisst er? Wie bewegt er sich? Welche Töne gibt er von sich? Wie erzieht er seine Kinder? Wie verhält er sich dem Menschen gegenüber? Erkenntnisse über reale Löwen werden vermittelt; die Kinder schauen Bücher an und sammeln Fotos von Löwen. Imagination und Fantasie: Eine Beziehung zum Objekt Löwe ist entstanden, eine Personifizierung: Die Kinder zeichnen und malen, was der Löwe sieht und was er erlebt. Sie ahmen seine Bewegungen und Töne nach und erfinden ein Märchen. (Hermann 1987, S. 31–33)

In all dem, was die Kinder in diesem Beispiel tun, erkunden und dokumentieren sie ihr Wissen, ihre Fragen und ihre Beziehungen zum Löwen. Dabei erhalten sie Unterstützung durch die Erwachsenen – zum Beispiel durch die Aufgabe, zu zeichnen, was der Löwe sieht. Das, was der Löwe sieht, wird in übergroße Augen hineingemalt. Hier werden die Kinder herausgefordert, aus der Perspektive ihres Gegenübers zu sehen. Da sie ihn intensiv kennen gelernt und eine Beziehung zu ihm entwickelt haben, können sie diese Herausforderung annehmen und bewältigen. Sie geben Ausdruck von dem Bild, das sie sich gemacht haben; sie dokumentieren.

Sammeln und Dokumentieren

„Sammeln hat etwas mit dem Umgang mit Dingen zu tun, mit Entdecken, Finden, Ordnen, mit Systematisieren und sich anschmiegen, mit Interessen und Gefühlen, mit sinnlicher Nähe, womit sich Interesse und Emotionalität verbinden. (...) Im Sammeln wie im Machen vergewissere ich mich in je unterschiedlicher Weise der Welt, verleihe ihr durch Zuwendung und Eingriff Sinn, bringe meine Ordnung, meine Sicht der mich umgebenden Welt zur Geltung. Sammeln wie Herstellen haben eine Handlungs-, eine emotionale und eine Erkenntnisperspektive (...) Sammeln bezieht sich auf Objekte und auf das Sammeln im Kopf. Sammeln geschieht mit den Augen, den Händen, im Herzen und im Kopf. Sammeln ist eine mentale Haltung: ein Gedächtnis für Bilder haben, Bilder im Kopf haben, Betroffenheiten nicht vergessen, neue Bilder mit alten und alte Bilder mit neuen verknüpfen." (Otto 1987, S. 116, 109, 132)

Schon in einem früheren Kapitel wurde auf die Bedeutung hingewiesen, die das Sammeln einzelner Beobachtungen in einem Tagebuch haben kann. Es dokumentiert Interessenrichtungen und Zuwendungsvorlieben des Beobachters. In solchen Sammlungen lassen sich Themen auffinden, herauskristallisieren und zum Verstehen in einer Dokumentation nutzen. In der Vielzahl verschiedener Beobachtungsaufzeichnungen sind erkenntnisleitende Fragen aufspürbar, die auch als Fragen an die Kinder zurückgegeben und mit ihnen weiter bearbeitet werden können. Zum Beispiel: Wie verhalten wir uns in bestimmten Situationen? Wollen wir uns so verhalten? Wie fühlen wir uns dabei? Wie finden wir heraus, was ein gutes Verhalten ist, für uns selbst und für andere?

Aber auch anders kann das Sammeln genutzt werden, nämlich, um die Beobachtung und Aufmerksamkeit anzuregen. In diesem Fall wird zu einem vorher besprochenen Thema gesammelt und die Sammlung dokumentiert dann das Spektrum des Themas.

xion, zur Mitteilung und zur Selbstvergewisserung. Sie verleihen Beobachtungen einen bedeutenden lebensgeschichtlichen Wert.

Solche Bücher müssen keine chronologische Abfolge von Entwicklungsschritten dokumentieren, sondern eher der Chronologie der Ereignisse aus Sicht des Kindes folgen. Insofern sehe ich sie eher als Erlebnistagebücher denn als Entwicklungstagebücher im engeren pädagogischen Sinne. Erhalten bleiben sollen die vielen kleinen Geschichten und Ereignisse, die für das Kind Höhepunkt seines Selbstempfindens, seiner Freude an Entdeckungen, seinem Glück über Freundschaften, seinem Genuss zu denken, zu fragen, zu experimentieren und zu entdecken sind. Es muss schön sein, später auf ein solches Stück lebendige Lebensgeschichte zu schauen – die man selbst mit geschaffen hat, bei der man sich aber von verstehenden ErzieherInnen unterstützt erfuhr.

Eine weitere Möglichkeit von Dokumentationsbüchern sind Gruppenbücher als „Lebensbuch der Gruppe": „Am Ende eines Tages setzen sich Erzieherin und/oder Kinder zusammen und denken laut darüber nach, was an diesem Tag von Bedeutung war. Tage- und Gruppenbücher spiegeln (...) das Leben der Kinder wider. In ihnen findet sich, was für Kinder subjektiv Sinn machte.

Es schreiben oder erzählen selten alle Kinder. In der Regel sitzen einige Kinder um die Erzieherin, die für sie schreibt. An manchen Tagen steht nur ein Wort darin, an anderen Tagen zwei Seiten, an wieder anderen wird nur etwas eingeklebt. Oft wollen die Kinder noch einmal hören, was gerade geschrieben wurde." (Klein 1998, S. 102)

Auch hier dokumentieren zwar einzelne Kinder, aber in der Summe entwickeln sich Beobachtungen, die für das Gruppenleben von Bedeutung sind; die verbinden oder trennen, aber von denen Kinder meinen, es sei wert, sie festzuhalten. Sie sind für sie danach verfügbar, d.-h. sie können jederzeit mit diesen Erinnerungen neue Verknüpfungen aktivieren.

Zu beiden Modellen gibt es viele Variationen, die ausprobiert werden müssen, um die Form zu finden, die dem Anliegen der beteiligten Kinder und Erzieherinnen entspricht. Dokumentationsbücher leben von Beobachtungen und geben zugleich Impulse, herauszufinden, was sich Gutes, Wichtiges und Stärkendes aus dem gemeinsamen Alltag und für ihn gewinnen lässt.

4. Dokumentationen für Eltern

Alle bisherigen Erörterungen betrafen vor allem Erzieherinnen und Kinder, ihre unterschiedlichen Beobachtungen sowie die Aufmerksamkeiten und Erkenntnisse, die in Dokumentationen ausgedrückt werden und sowohl das Miteinander als auch Bildungsentwicklungen befördern können.

Die Sicht auf Kinder und die Sichtweise von Kindern war als zentrales Problem von Beobachtungen hervorgehoben worden:

„Ganz selbstverständlich machen sich (die Kinder) zu Regisseuren ihrer eigenen Angelegenheiten (...) Das alles nimmt nur wahr, wer eine Begebenheit von vielen Seiten her wahrnehmen und sich vor eigenen Interpretationen, Bewertungen und Schlussfolgerungen schützen kann, wer also den Weg zur Schlussfolgerung verlangsamt! Wem das nicht gelingt, handelt zwar entsprechend seiner eigenen beschränkten Sichtweise logisch, bleibt aber auch darin stecken. Er kann nicht erkennen, dass andere die Angelegenheiten anders erleben. Solche Beobachtungen sind nutzlos, weil sie nicht helfen zu verstehen. Das Bemühen, den subjektiven Sinn kindlichen Handelns zu entschlüsseln, ist aber aus unserer Sicht das eigentliche Ziel einer Beobachtung, die nicht aushorchen, sondern beachten will.“ (Klein 2003, S. 30)

Aufgabe von Dokumentationen für Eltern

Eltern sind in aller Regel in den Situationen, die beobachtet werden, in denen sich die Lebensthemen von Kindern äußern und entwickeln, nicht anwesend. Sie lernen ihre Kinder in anderen Alltagsausschnitten kennen und nehmen anders wahr, bzw. ordnen das, was sie wahrnehmen, anders ein. Sie vergleichen ihre Wahrnehmungen über Kinder mit ihrem Alltag und bewerten sie auf dem Hintergrund der Anforderungen und Wünsche, die sie aus ihren Erfahrungen mit Selbstverfügungen und Angewiesensein geschlussfolgert haben.

Dokumentationen für Eltern müssen deshalb Folgendes leisten:

Auf den Inhalt bezogen müssen sie Kompetenzen und Entwicklungen von Kindern so vermitteln, dass sie für Eltern nachvollziehbar sind; oder – um es ganz einfach auszudrücken: dass sie Eltern zum Staunen bringen. Darüber hinaus müssen sie helfen, Ängste abzubauen, oder – um es positiv zu formulieren: sie müssen Zuversicht vermitteln, dass das, was Kinder tun und lernen, taugt für das Leben, und zwar auch über die Kindheit hinaus.

Eltern sorgen sich zuallererst um die Zukunft ihrer Kinder und fragen immer wieder, ob der Spaß, die Fantasie, die Aktivitäten in der Gegenwart von Kinderleben etwas Dauerhaftes hergibt, etwas, das ins spätere Leben – die Schule, das Erwachsenenleben – mitgenommen werden kann. Die Forderung nach Zuversicht ist dabei etwas anderes als Versprechen abzugeben. Niemand kann zusichern, dass einzelne Fähigkeiten oder Fertigkeiten eine Garantie für ein gelingendes Erwachsenenleben sein werden; genauso wenig, wie sich aus Mängeln und Schwierigkeiten negative Prognosen absichern lassen.

Dokumentationen sollten aber die Zuversicht vermitteln, dass das, was den Kindern in der Kita geschieht und was Kinder selbst zum Geschehen bringen, ihre Lebensbewältigung stärkt, ihre Persönlichkeit und ihre Beziehungen zu anderen festigt und reift. Daraus ergibt sich eine Zuversicht für die Zukunft, für deren Ausgestaltung dann aber ganz konkrete und neue, nicht planbare Ereignisse ihre Wirkung tun werden. Zuversicht kann aber nur ausstrahlen, wer sich seines Tuns und seiner Schlussfolgerungen bewusst ist; wer also überzeugt ist von dem, was er tut und sagt, weil Kinder in ihrer Würde, ihrem Können und Suchen darin die entscheidende Rolle spielen; wer außerdem diese Überzeugungen so veranschaulichen kann, dass Eltern eine Teilhabe und ein „Mitgehen" möglich wird.

Deshalb müssen Dokumentationen für Eltern, auf die Form bezogen, Sprachen finden, mit denen Eltern sich verständigen und Verstehen erleben können. Das meint nicht nur die Wahl von Worten in Dokumentationen, sondern die Ausdruckssprache insgesamt, also Bilder, Gegenstände, Zeichen usw., die gewählt werden, um einen Inhalt so auszudrücken, dass er anspricht, neugierig macht; dass er Eltern also dazu bringt, sich mitfühlend und mitdenkend einzulassen auf das Dokumentierte.

Dazu gehört auch eine sorgsame Auswahl der Menge an Dokumentationen sowie des Ortes, an dem sie präsentiert werden.

Es gibt aber drittens noch eine weitere Anforderung an die Dokumentationen für Eltern: sie betrifft das Konzept, das in ihnen und mit ihnen vertreten wird. Wenn in der Einrichtung davon ausgegangen wird, dass Kinder ganz entscheidend als Regisseure am Aufbau und Ausbau ihrer Lebensfragen und -erkenntnisse wirken, so muss das in dem, was dokumentiert wird, zum Ausdruck kommen. Nur als Überschrift taugt diese Aussage wenig. Wenn in der Einrichtung die Überzeugung trägt, dass Kinder das Recht auf Mitbestimmung und Teilhabe haben, so muss man das in den Dokumentationen sehen können: indem Kinder selbst zu Wort kommen, indem man erleben und nachvollziehen kann, wie sich Erzieher auf Kinder und ihre Bildungsbemühungen einlassen, wie sie sich ganz konkret als Begleiter, Unterstützer und Herausforderer verhalten und wie die Kinder darauf reagieren. Partizipation, nur als Schlagwort verwendet, bringt nichts. Der Umgang mit Praxis und da vor allem mit den vielen Kleinereignissen setzt Zeichen, die sich zum Nachdenken und Nachfragen auf Eltern übertragen.

Das folgende Beispiel zeigt, wie Eltern sensibilisiert und beteiligt werden:

Beispiel 31: Schneekristalle

Während der Weihnachtszeit entstand bei den Kindern der Wunsch, Schneekristalle auszuschneiden. Sie wandten sich an die Erzieherin, um etwas über die Herstellungstechnik zu erfahren. Die Erzieherin ermutigte die Kinder, selbst zu einer Lösung zu kommen. Über Tage probierten eine Anzahl von Mädchen und Jungen verschiedene Falt- und Schneidetechniken aus. Die Ergebnisse waren überwältigend.
Die Erzieherinnen waren der Meinung, dass das Interesse der Kinder an Scherenschnitten noch mehr gefördert werden könnte. Gemeinsam beschlossen sie Anfang Februar, die Matisse-Ausstellung „Mit der Schere zeichnen" in Frankfurt/Main zu besuchen. Während eines Elternabends lenkten die die Aufmerksamkeit der Eltern auf die vielseitigen Schneekristalle ihrer Kinder. Die Eltern hatten den Kinderwerken vorher keine große Beachtung geschenkt. Erst als die Erzieherinnen mit ihnen in einen Austausch kamen, was das einzelne Kind bei dieser Art von Gestaltung erlebt, empfunden und gelernt hat, war das Interesse geweckt, und auch sie wollten das ihre dazu tun, um die Kinder weiter zu fördern. Die Ausstellung hinterließ bei den Kindern tiefe Eindrücke und regte das Mit-der-Schere-Zeichnen noch mehr an. Die Erzieherinnen unterstützten die Kinder, indem sie ihnen die nötige Zeit und ausreichend Material zur Verfügung stellten. Von den Eltern erfuhren sie, dass sich die Schaffensfreude zu Hause fortsetzte. Angesteckt von der Begeisterung ihrer Kinder verfolgten sie aufmerksam mit, wie sie die Scherenschnitt-Technik immer differenzierter umsetzten (...) Die Eltern danken es uns und ihren Kindern, indem sie nicht über die Werke ihrer Kinder stöhnen, sondern sie wertschätzend behandeln. All diese Prozesse werden von den Erzieherinnen durch Fotos und Texte dokumentiert und im Flur für alle gut sichtbar ausgehängt. (Ries-Schemainda 2003, S. 12–14)

Wandzeitungen

Es ist „ein tatsächlicher Gewinn für den Beschauer, wenn er von einem (...) dargestellten Ding einen neuen Gebrauch zu machen lernt, oder von seinen Augen" (Brecht 1983, S. 91).

Und, so müsste man in dem hier behandelten Zusammenhang ergänzen: Es ist vor allem ein Gewinn für Kinder, wenn Wandzeitungen mit ihrer Dokumentation dieses bewirken.

Das ist nicht einfach, denn die Bebilderung, die Flut der Symbole, die für einen Sinn, für eine Aussage stehen, nimmt zu. Es muss erst wieder gelernt werden, offensiv mit Bildern umzugehen, Erfahrungen mit Entschlüsselungen zu machen, eigene Deutungsarbeit zu leisten. Es muss aber auch gelernt werden, eigene Bilder und Fantasien für eigene Befindlichkeiten und Wünsche schaffen zu wollen und zu können.

Bei Dokumentationen geht es ja darum, die Aufmerksamkeit der Eltern auf Aussagen zu lenken, Verstehen zu vermitteln, oft sogar darum, ein aktives Mittun zu bewirken.

Neben der ästhetischen Gestaltung ist vor allem die Frage wichtig, die in einer Dokumentation entwickelt wird. Sie entscheidet oft darüber, ob betrachtende Augen dazu gebracht werden können, anders zu sehen, das Gewohnte zu verlassen.

Das folgende Beispiel kann das ein wenig veranschaulichen:

Beispiel 32: Genießen

Kinder genießen:
Ich mag im Wald spazieren gehen, weil es so schön still ist. (Kübra, 7 Jahre). Ich mag es, in der Sonne zu liegen. (Taner, 6 Jahre). Ich genieße das Schwimmen, weil das Becken größer ist als die Badewanne. (Christian, 7 Jahre). Ich möchte nicht, dass andere Leute wissen, was ich genieße. (Santino, 9 Jahre). Eine Suppe ganz langsam essen. (Nico, 6 Jahre). Wenn man keine Hausaufgaben auf hat. (Max, 5 Jahre). Auf dem Waldsofa sitzen und spannende Geschichten erleben. (Lukas, 4 Jahre). Genießen ist eigentlich, wenn du in ein Lokal gehst und etwas isst, was du noch nie gegessen hast und dir das dann köstlich schmeckt, dann ist das genießen. (Thilo, 7 Jahre). Wenn ich ganz wild spielen und toben kann. (Niklas, 4 Jahre). Wenn ich mal Fernsehen schauen darf mit Schokolade und Geknabbers. (Tim, 6 Jahre). Wenn wir Picknick machen und ich mich auf einer Decke in die Sonne legen kann. (Susan, 5 Jahre). Da hab ich noch nie drüber nachgedacht ... (Jenny, 6 Jahre). Wenn ich einen schönen Traum habe. (Anna, 4 Jahre). Wenn ich mit Mutter in den Zirkus gehe. (Artur, 5 Jahre)

Erzieherinnen genießen:
Abends alleine zu sein und mit einem Buch in der Badewanne zu liegen. (Gaby). Süßes zu essen, ohne zuzunehmen. (Elke). Wenn es draußen regnet, keiner daheim

ist und ich mit einer Decke auf der Couch liege und ein Buch lese. (Elvira). Wenn die Familie einträchtig um den Essenstisch sitzt. (Waltraud). Sonntagmorgens lange im Bett zu liegen, während sich die Kinder ohne Streiterei beschäftigen. (Sabine). Die Ruhe – wenn ich sie einmal habe – einfach ungestört zu sein. (Renate). An meinem Schreibtisch zu sitzen und Musik zu hören. (Lena).
(Demmler 2001, S. 40, 41. Auszüge)

An dieser Frage nach dem Genießen ist zweierlei interessant und ungewohnt: Erstens wird ganz selbstverständlich davon ausgegangen, dass auch Kinder genießen und ein Bewusstsein davon haben. Das widerspricht der landläufigen Meinung, dass Kinder zwar eine Unmenge Spaß haben können, das Genießen aber eher den Erwachsenen vorbehalten sei. Bemerkenswert ist zweitens der Vergleich: Was antworten Kinder, was antworten Erwachsene auf die gleiche Frage?

Dieses Beispiel ist gut geeignet als (ausbaufähige) Wandzeitung für Eltern. Die Eltern könnten gebeten werden, dazu zu schreiben, was für sie Genießen bedeutet. Diese Antworten könnten in Gesprächen zwischen Erzieherinnen und Kindern und mit Eltern aufgegriffen werden; die Kinder könnten die „Genießer-Situationen" gestalten (zeichnen, fotografieren, szenisch aufbauen usw.) und so die Wandzeitung im Wechselspiel aller Beteiligten wachsen lassen. Es geht mir hier nicht so sehr um konkrete methodische Ratschläge, sondern darum, wie Wandzeitungen Beobachtungen mitteilen und dazu führen können, Beobachtungen auszulösen, also Mittun und Nachdenken anzuregen.

Eine andere Möglichkeit ist es, mit Hilfe von Wandzeitungen „Lernstraßen" zu dokumentieren, also Beobachtungen und Prozesse in Wort und Bild von Erziehern und Kindern festzuhalten und in Form einer Straße (mit Umwegen, Sackgassen, Engen und Weiten, Aufwärts und Abwärts …) nachzuzeichnen, was sich aus Anfängen wie entwickelt.

Wird diese Straße täglich oder wöchentlich parallel zum Geschehen ergänzt, so ergibt sich daraus auch für Eltern eine spannende „Fortsetzungsgeschichte", zu der sie sich beteiligend und nachvollziehend-verstehend verhalten können. Wenn sie erfahren, was ihren Kindern wichtig ist und woher diese die Impulse für ihre Bildungsfortschritte nehmen, dann können sie auch eigene Ideen hinein geben oder durch ihr Interesse die Kinder bestätigen und ermuntern in dem, was sie tun und herausfinden wollen.

Briefe an Eltern

Hiermit sind nicht solche Briefe gemeint, die organisatorische Hinweise und allgemeine Informationen für Eltern enthalten, sondern eine besonders persönliche und individuelle Form der Dokumentation. Sie kann kombiniert werden mit den Dokumentationsbüchern für Kinder, die an anderer Stelle schon vorgestellt wurden.

Solche Elternbriefe erfordern einen hohen Aufwand, nicht nur bei der Auswahl der Inhalte, sondern auch in Form und Gestaltung, denn sie sollten behutsam und verständigend Entwicklungslinien nachzeichnen, Ereignisse und Bedeutungen festhalten. Sie sollten nicht im Fachjargon verfasst werden.

Denkbar ist, sie einmal im Jahr zum Geburtstag des Kindes – der ja auch ein Geburts-Tag für Eltern ist – zu verschicken oder zu überreichen. Sie sollten ein respektierendes und würdigendes Bild vom Kind und seinem Leben in der Gruppe zeichnen, seine Vorlieben, seine Kompetenzen, seine Initiativen, seine stillen und lebhaften Seiten hervorheben. Sie sind so etwas Herausragendes, Besonderes im Laufe eines Jahres, könnten auch mit Beteiligung der Kinder, müssen aber vor allem mit ihrem Wissen geschrieben werden. Sie sollten Ermutigung und Zuversicht ausdrücken. Auch Schwierigkeiten von Kindern können und sollen dokumentiert werden, aber so, dass die Lernzuversicht und die Anstrengungen des Kindes hervorgehoben werden, nicht sein „Noch-nicht-Können". Erzieherinnen können hier verstehbar machen, wie wichtig es ist, Anforderungen den Möglichkeiten des einzelnen Kindes anzupassen. Denn nur, wenn Kinder die Erfahrung machen, dass sich ihre Bemühungen lohnen, dass sie sie weiterbringen, setzen sie Anstrengungen ein und sorgen auch selber für ihr Vorankommen.

Der nachfolgende Text ist ein Ausschnitt aus einem so möglichen Elternbrief. Er bezieht sich auf das Beispiel 18 in diesem Buch.

Beispiel 33: Elternbrief

An die Eltern von Josel (5;6 Jahre alt)
In den letzten Wochen konnten wir überall die gelben Wiesen sehen, auf denen unzählige Löwenzahn blühten. Da die Kinder auch auf den Löwenzahn-Wiesen spielten und sie sich für diese Blumen interessierten, machten wir ein Projekt daraus. Dabei erlebten die Kinder auch die Umwandlung von der gelben Blüte zur Pusteblume. Hierüber erhielten die Kinder viele Informationen und konnten auch ausgiebig ausprobieren. Als Abschluss unseres Projektes erfanden die Kinder ein Gedicht. Das von Josel möchte ich gerne mit Ihnen teilen. Er diktierte mir folgenden Text:

Wenn ich sehr blase, zweimal und dreimal, fliegt ein Samenkorn auf unseren Balkon. Es wächst und wächst im Blumentopf, und meine Häsin Emilie hat immer frischen Löwenzahn.
In diesem Gedicht zeigt Ihr Sohn, wie viel er aus diesem Projekt mitgenommen hat: Er hat verstanden, dass die Samen mit ihren Schirmchen an der Pflanze nur leicht verankert sind und diese durch Wind oder Pusten von der Pflanze gelöst werden können; dass die Samen so leicht sind, dass sie vom Wind getragen werden können. Er hat also ein physikalisches Gesetz (was fliegt unter welchen Bedingungen?) verinnerlicht. Er hat zudem verstanden, dass es Erde braucht, um aus diesem Samen eine neue Pflanze hervorzubringen. Überhaupt ist er sich der Tatsache bewusst geworden, dass aus einem Samen eine Pflanze wachsen kann, dass in einem kleinen Samen genug Energie steckt, um daraus eine Pflanze entstehen zu lassen. Und er hat noch mehr gezeigt: nämlich die Verantwortung gegenüber einem schwächeren Wesen, das auf ihn angewiesen ist: seiner Häsin Emilie." (Schneider 2003)

Solche Briefe lassen sich natürlich in die Dokumentationsbücher für Kinder einfügen – wie auch viele Beobachtungen aus diesen Büchern in die Elternbriefe aufgenommen werden können.

Selbstverständlich lassen sich solche Briefe auch durch Elterngespräche ersetzen. Bei einer besonderen Einladung anlässlich des Kindergeburtstages können die Erwachsenen und das beteiligte Kind sich an viele Ereignisse des zurückgelegten Jahres erinnern, sich Beobachtungen und Erinnerungen mitteilen und so wieder aufleben lassen und voneinander und miteinander erfahren, was ihnen was bedeutet. Auch dies ist eine Form der Dokumentation, bei der das Kind, seine Würde und seine als wichtig und richtig erachtete Person im Mittelpunkt steht.

Kindergartenzeitung

Anders als der zuvor beschriebene Elternbrief ist die Kindergartenzeitung öffentlich, an alle Eltern sowie an andere Adressaten gerichtet. In ihr werden deshalb weniger Einzelbeobachtungen eine Rolle spielen als vielmehr die Bedeutung von Beobachtungen für Entwicklung und Qualität dokumentiert werden.

Das aber sollte eine Kindergartenzeitung mitteilen: Dass Ideen nicht vom Himmel fallen, sondern aus der Aufmerksamkeit für Kinder und aus dem Dialog mit ihnen entstehen und mit ihnen zusammen entwickelt werden; dass das Forschen, das sich an Beobachtungen anschließt – bei Kindern ebenso wie bei Erwachsenen – mit Wissen und Kreativität geschieht und als Herausforderung und Unterstützung Kinder mit dem, was sie daraus zu ihrer Sache machen, aktiv einbezieht.

Die Wechselwirkungen von Beobachtungen als Beachtung, von Hypothesen, die daraus entstehen, sowie das nachfolgende Planen und Handeln sollte in doppelter Sicht in einer Kitazeitung vermittelt werden: bedeutsam als handlungsleitend für Erzieherinnen, aber auch für die Lern- und Bildungsleistungen von Kindern. Die Qualität von pädagogischer Arbeit macht sich fest an diesen beiden Bezugsgrößen und an der Art und Weise, wie sich beide Lerner, Forscher, Denker, Fantasierer, Macher – also Kinder und Erwachsene – im Alltag der Kita treffen und sich aufeinander beziehen. In der Kitazeitung kann deutlich werden, dass Erfahrung und Bildung nicht einseitig bei den Erwachsenen liegt, auch nicht fixiert werden kann auf bestimmte Themen, Formen oder Abläufe, sondern mit den beteiligten Personen, ihren Haltungen und ihren Zugaben im gemeinsamen Tun wächst. Dabei entsteht etwas, das mehr ist als die Summe aller Teile.

Grenzen von Dokumentationen

Dokumentationen bewirken Mitwisserschaft. Die Gefahr ist groß, dass Kinder, um die es in der Hauptsache geht, im Mitteilungsbedürfnis Erwachsener untergehen. Die Grenzen von Dokumentationen sind immer da überschritten, wo über Kinder in einer Weise geredet und verhandelt wird, die ihnen selbst nicht zur Kenntnis gebracht wird, wo Kindern also die Mitwisserschaft verweigert wird. Dann wird die Würde ihrer Person, die vor allem auch bedeutet, Verfügungsrechte zu haben, verletzt.

Die Grenzen der Dokumentation werden auch dann überschritten, wenn Kinder ohne ihr Wollen und Wissen zitiert werden, wenn also unter ihrem Namen Bilder, Texte, Verhalten gezeigt und öffentlich gemacht wird, ohne die Zustimmung der Kinder eingeholt zu haben. Kinder haben ein Recht darauf, sich nicht zu präsentieren, nicht als Material für Forschung und Evaluation zur Verfügung zu stehen, ihre Geheimnisse zu haben und für sich zu behalten.

Der Pfad ist schmal. Ich bin mir auch in diesem Buch dessen sehr bewusst. Da ich viele Kinder nicht kenne, von denen ich Beobachtungen aufgenommen habe, konnte ich sie nicht um ihre Zustimmung bitten. Deshalb sind ihre Namen verändert. Dennoch bleibt ein ungutes Gefühl: Von Kindern etwas genommen zu haben, das in ihrem Leben eine wichtige Rolle gespielt hat, zu dem sie nicht die Gelegenheit hatten, etwas zu sagen. Es bleibt meine Hoffnung, dennoch keinen Schaden angerichtet zu haben; deutlich gemacht zu haben, dass alle Beispiele dazu dienen, meinen Respekt vor Kindern, das Staunen über ihre Anstrengungen, mit dem Leben zurecht zu kommen, auszudrücken. Alles, was in den vorangegangenen Kapiteln beschrieben, entwickelt, problematisiert wurde: das Entscheidende ist die Haltung, mit der Ziele gesetzt, Handlungen geplant, über Schlussfolgerungen nachgedacht und Wahrnehmungen angestrengt werden. Jede Beobachtung kann „umkippen" und gegen Kinder gerichtet werden – und so können es auch Dokumentationen.

Auch in gut gemeinter Informationsabsicht für Eltern können Dokumentationen Schlimmes anrichten. Informationen, die Kinder uns vertrauensvoll über die Situation in ihrem Zuhause mitteilen, seien es erfreuliche oder bedrückende, gehören nicht in eine Dokumentation. Sie müssen im persönlichen Kontakt der Betroffenen sensibel zur Sprache gebracht werden. Manchmal ist es auch gut, wenn sie geheimes Wissen zwischen Kind und Erzieherin bleiben. Wenn Kinder uns Vertrauen schenken, bedeutet das, dass wir dieses Wissen auch schützen und nicht alles ausplaudern, denn das würde die Kinder zu Verrätern stigmatisieren und Vertrauen zerstören. Nie darf vergessen werden, dass auch Kinder, die in ihrer Familie viele Probleme durchstehen müssen, dennoch ihre Eltern lieben. Sie erzählen uns etwas, um diese Liebe nicht aufs Spiel zu setzen. Sie wollen sich nicht entscheiden müssen für ihre Beziehung zwischen verschiedenen Erwachsenen, sondern herausfinden, was sie von dem einen und von dem anderen bekommen und nutzen können, um sich zu sichern, zu stabilisieren und sich selbst als gewollt und gut zu empfinden.

Hier ist also besondere Behutsamkeit und Verantwortung geboten, bevor etwas niedergeschrieben wird, was Verletzungen zufügen kann.

Das bedeutet nicht, in Dokumentationen nur heitere und Tralala-Themen aufzunehmen. Kritische Aspekte zwischen Kindern und Eltern kann man anonymisieren, ohne Namensnennung.

Bei Fotodokumentationen, die zum Beispiel zeigen, wie Kinder sich mit einem Gegenstand auseinander setzen, kann es auch der Erkenntnis dienlich sein, nur die „arbeitenden Hände" der Kinder zu fotografieren und zu zeigen. Das konzentriert den Blick der Eltern auf eine gewollte Aussage – und ihre Kinder können entscheiden, ob sie ihnen verraten wollen, welches ihre Hände sind.

Immer ist mit Kindern genau zu besprechen, ob und wie sie in Dokumentationen vorkommen wollen. Sie sind kein Material, über das Erwachsene einfach verfügen; sondern Kinder stellen ein Stück ihrer Lebensgeschichte zur Verfügung, an dem wir teilhaben und das wir lernen sollen, zu verstehen. Die Menschenwürde verzeiht keine Schnitzer. Kinder „sammeln Erfahrungen, bevor sie vertrauen" (Korczak 1992, S. 52). Es muss immer bewusst sein, dass es ein Geheimnis des Kindes gibt, das es zu schützen gilt.

Ich möchte dieses Buch abschließen mit der Ermunterung, sich folgendem Ausspruch anzuschließen und ihn mit den Kindern und Eltern zusammen zu leben: „Ich bin bereit, jederzeit erstaunt zu sein." (Ustinov 2003)

Literatur-/Quellennachweise

Alert, Tilmann (1993): Autocrashing. Eine Fallstudie zur jugendlichen Selbst- und Fremdgefährdung. In: neue praxis 5/93, S. 393–414

Andresen, Ute (1991): So dumm sind sie nicht. Von der Würde der Kinder in der Schule. Quadriga, Weinheim, Berlin

Andresen, Ute (1992): Versteh mich nicht so schnell. Gedichte lesen mit Kindern. Quadriga, Berlin

Arnheim, Rudolf (1995): Zu Anfang das Kind. In: Fineberg, Jonathan (Hrsg.): Kinderzeichnung und die Kunst im 20. Jahrhundert. Verlag Gerd Hatje, Ostfildern-Ruit bei Stuttgart, S. 15–25

Biermann, Wolf (1966): Das Märchen vom kleinen Herrn Moritz, der eine Glatze kriegte. In: Middelhauwe, Gertrud (Hrsg.): Dichter erzählen Kindern. Deutscher Bücherbund, Stuttgart und Hamburg, S. 230–233

Brecht, Bertolt (1974): Über das Anfertigen von Bildnissen. In: Bertolt Brecht: Schriften zur Politik und Gesellschaft 1919–1956. Suhrkamp Verlag, Frankfurt am Main

Brecht, Bertolt (1983, Original 1935): Über die bildenden Künste. Suhrkamp Verlag, Frankfurt am Main

Canetti, Elias (1995): Die Fliegenpein. Aufzeichnungen. Fischer Taschenbuch Verlag, Frankfurt am Main

Dittrich, Gisela/Dörfler, Mechthild/Schneider, Kornelia (2002): Konfliktverhalten von Kindern in Kindertagesstätten. 5 Materialbeispiele für die Fortbildung. Begleitheft zum (gleichnamigen) Videofilm. Luchterhand Verlag, Neuwied, Kriftel, Berlin

Duden. Fremdwörterbuch (1997). Dudenverlag Mannheim, Leipzig, Wien, Zürich

Elschenbroich, Donata (2001): Weltwissen der Siebenjährigen. Wie Kinder die Welt entdecken können. Verlag Antje Kunstmann, München

Goffman, Erving (1975): Stigma. Über Techniken der Bewältigung beschädigter Identität. Suhrkamp Verlag, Frankfurt am Main

Gstettner, Peter (1981): Die Eroberung des Kindes durch die Wissenschaft. Aus der Geschichte der Disziplinierung. Rowohlt Taschenbuch Verlag, Reinbek bei Hamburg

Gudjons, Herbert (1997): Lernen – Denken – Handeln. In: Johannes Bastian/Herbert Gudjons/Jochen Schnack/Martin Speth (Hrsg.): Theorie des Projektunterrichts. Bergmann + Helbig Verlag, Hamburg, S. 111–132

Klein, Lothar/Vogt, Herbert (1998): Freinet-Pädagogik in Kindertageseinrichtungen. Entdeckendes Lernen oder „Vom Hunger nach Leben". Herder Verlag, Freiburg, Basel, Wien

Klein, Lothar/Roser, Christa (2003): Warum es sinnvoll ist, in der Kuschelecke keinen Knaller zu zünden. Vom Sinn kindlichen Handelns und wie man lernen kann, ihn wahrzunehmen. In: TPS/Kinder verstehen – Entwicklung begleiten, Heft 6/2003, S. 28–30

Kobelt Neuhaus, Daniela: Obacht! Falle! Stolpersteine beim Beobachten. In: TPS/Beobachten und Dokumentieren, Heft 4/97, S. 203–207

Korczak, Janusz (1992): Verteidigt die Kinder! Gütersloher Verlag, Gütersloh

Korp, Dieter (o. J.): VW 1200/1300/1500 bis Herbst ´69. Jetzt helfe ich mir selbst. Motorbuch Verlag, Stuttgart

Lange, Udo/Stadelmann, Thomas (1996): Spiel-Platz ist überall. Lebendige Erfahrungswelten mit Kindern planen und gestalten. Herder Verlag, Freiburg, Basel, Wien

Langhanky, Michael (1993): Die Pädagogik von Janusz Korczak. Luchterhand Verlag, Neuwied, Kriftel, Berlin

Laewen, Hans-Joachim (2002): Was Bildung und Erziehung in Kindertageseinrichtungen bedeuten können. In: Laewen, Hans-Joachim/Andres, Beate (Hrsg.): Forscher, Künstler, Konstrukteure. Werkstattbuch zum Bildungsauftrag von Kindertageseinrichtungen. Beltz Verlag, Weinheim, Berlin, Basel, S. 33–70

Malaguzzi, Loris (1998): Die Idee des Vergnügungsparks für Vögel und der Springbrunnen sowie „Was tun" die Erwachsenen. In: Kommunale Krippen und Kindergärten von Reggio Emilia (Reggio Children): Springbrunnen. Le fontane. Luchterhand, Neuwied, Kriftel, Berlin, S. 10–12 und 18–23

Michalik, Kerstin (2003): Mit Kindern gemeinsam nachdenken. Plädoyer für die Förderung einer Frage- und Gesprächskultur. In: TPS/Kinder verstehen – Entwicklung begleiten, Heft 6/2003, S. 15–17

Müller, Burkhard K. (1996): Jugendliche brauchen Erwachsene. In: Gerd Brenner/Benno Hafeneger (Hrsg.): Pädagogik mit Jugendlichen. Verlag Juventa, Weinheim

Otto, Gunter/Otto, Maria (1987): Auslegen. Ästhetische Erziehung als Praxis des Auslegens in Bildern und des Auslegens von Bildern. Friedrich-Verlag, Velber

Renner, Erich (2003): Wie Kinder die Welt verstehen. Edition Trickster im Peter Hammer Verlag, Wuppertal

Schäfer, Gerd (1998): Am Anfang sind wir alle Ästheten. Über die Entwicklung der Sinne. In: Welt des Kindes 6/98, S. 20–24

Scholz, Gerold (2000): Kinder sind unbelehrbar. Nichts sagen, nichts zugeben und die Welt fragwürdig machen. In: TPS/Kinder als Forscher, Heft 3/2000, S. 6–11

Scholz, Gerold (2003): Lernen in Situationen. Glaubwürdigkeit in der Gestaltung von Lernsituationen. In: TPS/Wie kommt die Welt in den Kindergarten? Heft 8/2003, S. 18–21

Spaggiari, Sergio (2002): Die Unsichtbarkeit des Wesentlichen. In: Kommunale Krippen und Kindergärten von Reggio Emilia (Reggio Children): Schuh und Meter. Scarpa e metro. Beltz Verlag, Weinheim, Berlin, Basel, S. 6–9

Thiersch, Renate (2003). Allgemeinplätze helfen nicht weiter. Gespräch über das Grenzen-Setzen in der Erziehung. In: TPS/Grenzen, Heft 3/2003, S. 13–19

Trapmann, Hilde/Liebetreu, Gerhard/Rotthaus, Wilhelm (1976): Auffälliges Verhalten im Kindesalter. verlag modernes lernen, Dortmund

v. Hentig, Hartmut (1996): Bildung. Carl Hanser Verlag, München und Wien

Ustinov, Sir Peter in einem Interview im ZDF am 22. 10. 03

Vielhaber, Christiane (1988, Hrsg.): Augen-Blicke. Das Auge in der Kunst des 20. Jahrhunderts. Vista Point Verlag, Köln

Wagenschein, Martin (1999): Verstehen lehren. Beltz, Weinheim und Basel

„Wenn das Auge über die Mauer springt" (1988). Übersetzte Texte zur Ausstellung aus Reggio Emilia in Hamburg

Wohmann, Gabriele (1989): Paulinchen war allein zu Haus. (Roman) Luchterhand Literaturverlag, Frankfurt am Main

Wulf, Christoph (1984): Das gefährdete Auge. Ein Kaleidoskop der Geschichte des Sehens. In: Dietmar Kamper/Christian Wulf (Hrsg.): Das Schwinden der Sinne. Suhrkamp Verlag, Frankfurt am Main, S. 21–45

Young, Ed (1996): Sieben blinde Mäuse (Bilderbuch). Altberliner Verlag, Berlin

Quellennachweise Beispiele (der Nummerierung im Text folgend)

Beispiel 1: Brecht, Bertolt (1973): Dreigroschenroman. Rowohlt Verlag, Hamburg

Beispiel 2: Rutzen, Karoline (1997): Unveröffentlichte Hausarbeit. Erzieherausbildung, 2. Semester. Fachschule für Sozialpädagogik II, Hamburg

Beispiel 3: Müller, Harald (1997): Unveröffentlichte Hausarbeit. Erzieherausbildung, 2. Semester. Fachschule für Sozialpädagogik II, Hamburg

Beispiel 4: Ohne Quellenangabe

Beispiel 5: Reinhardt, Anne (1997): Unveröffentlichte Hausarbeit. Erzieherausbildung, 2. Semester. Fachschule für Sozialpädagogik II, Hamburg

Beispiel 6: Ehrenreich, Julia (1997): Unveröffentlichte Hausarbeit. Erzieherausbildung, 2. Semester. Fachschule für Sozialpädagogik II, Hamburg

Beispiel 7: Büker, Hubertus (2002): Meine kleine Lehrerin. Denkanstöße eines Vaters. Benno Verlag, Leipzig

Beispiel 8: Hartmann, Tatjana (2002): Unveröffentlichte Facharbeit. Erzieherausbildung, 6. Semester. Fachschule für Sozialpädagogik II, Hamburg

Beispiel 9: Eigene Aufzeichnungen

Beispiel 10: Eigene Aufzeichnungen

Beispiel 11: Eigene Aufzeichnungen

Beispiel 12: Janzen, Manuela (1997): Unveröffentlichte Hausarbeit. Erzieherausbildung, 2. Semester. Fachschule für Sozialpädagogik II, Hamburg

Beispiel 13: Eigene Aufzeichnungen

Beispiel 14: Eigene Aufzeichnungen

Beispiel 15: Andresen, Ute (2000): Ausflüge in die Wirklichkeit. Grundschulkinder lernen im dreifachen Dialog. Beltz Taschenbuch, Weinheim und Basel

Beispiel 16: Bambach, Heide (1994): Ermutigungen. Nicht Zensuren. Libelle Verlag, Lengwil am Bodensee

Beispiel 17: Bucher, Nadja (2003): Kita Konstanz. Der Brief entstand während einer Fortbildung in Donaueschingen

Beispiel 18: Mäurer, Heide und Kinder der Igelgruppe Weimar (2001): Wenn die Schirmchen fliegen. In: klein & groß 5/2001, S. 27

Beispiel 19: Eigene Aufzeichnungen

Beispiel 20: Kuhn, Jutta (1994), Kita Schlewecke, Bad Harzburg

Beispiel 21: Eigene Aufzeichnungen

Beispiel 22: Malaguzzi, Loris (2002): Schuh und Meter. In: Kommunale Krippen und Kindergärten von Reggio Emilia (Reggio Children): Schuh und Meter. Scarpa e metro. Beltz Verlag, Weinheim, Berlin, Basel, S. 14–15

Beispiel 23: Schmidt, Edith (1994): Kita Schlewecke, Bad Harzburg

Beispiel 24: Eigene Aufzeichnungen

Beispiel 25: Eigene Aufzeichnungen

Beispiel 26: Doehlemann, Martin (1985): Die Phantasie der Kinder und was Erwachsene daraus lernen können. Fischer Taschenbuch Verlag, Frankfurt am Main. Erklärender Text: Kazemi-Veisari

Beispiel 27: Klein, Lothar (1997): Das Leben der Kinder dokumentieren. In: TPS/ Beobachten und Dokumentieren, Heft 4/97, S. 228–231

Beispiel 28: Resai Adriani, Shanas und andere Studierende (2000): Unveröffentlichte Hausarbeiten. Erzieherausbildung. Fachschule für Sozialpädagogik II, Hamburg

Beispiel 29: Hermann, Gisela/Riedel, Heidi/Schock, Robert/Sommer, Brigitte (1987, Hrsg.): Das Auge schläft, bis es der Geist mit einer Frage weckt. Krippen und Kindergärten in Reggio/Emilia. Verlag FIPP Berlin

Beispiel 30: Klein, Lothar (1997): Was uns Kinder sagen wollen … und wie wir lernen können, es zu verstehen. In: TPS/Beobachten und Dokumentieren, Heft 4/97, S. 199–202

Beispiel 31: Ries-Schemainda, Gerlinde (2003): Interessierte Kinder – interessierte Eltern. Wie man Eltern vermitteln kann, was ihre Kinder tun. In: TPS/Kinder verstehen, Entwicklung begleiten, Heft 6/2003, S. 12–14

Beispiel 32: Demmler, Bärbel/Hall, Sabine/Wehmeier, Wilma (Sammlerinnen der Aussagen, 2001): Das tut uns so gut. In: TPS/Wahrnehmen und Genießen, Heft 1/2001, S. 40, 41

Beispiel 33: Schneider, Kerstin (2003). Kita Tannenhöhe, Villingen. Der Brief entstand während einer Fortbildung 2003 in Donaueschingen

Die Autorin

Erika Kazemi-Veisari, Dr. phil., Erzieherin und Diplom-Pädagogin, ist als Dozentin an der staatlichen Fachschule für Sozialpädagogik in Hamburg-Altona tätig. Sie ist Autorin mehrerer Fachbücher und Mitglied im Redaktionskreis der Fachzeitschrift „Theorie und Paxis der Sozialpädagogik" (TPS). In ihren Veröffentlichungen setzt sie sich stets engagiert für die Beteiligung von Kindern in allen sie betreffenden Angelegenheiten ein. Partizipation und Dialog im Zusammenleben und ein achtsames Miteinander von Kindern und Erzieherinnen sind der Autorin ein Herzensanliegen.